「白熱する教室」を創る

# 8つの視点

菊池省三 ● 菊池道場

# もくじ

● 「白熱する教室」を創る─私の教育観 ········· 004

**1** 価値語　言葉で人間を育てる ········· 028

**2** 成長ノート　書くことを核として育てる ········· 055

**3** ほめ言葉のシャワー　個の確立した集団を育てる ········· 077

**4** 話し合い活動　考え続ける人間を育てる ········· 100

**5** 学級ディベート　主体的な学び手を育てる ········· 126

**6** 道徳教育　公社会に役立つ人間を育てる ········· 150

**7** 圧倒的な学習量　確たる土台を築く ········· 177

**8** 主体的・対話的で深い学びを実現する ········· 198

本書は、「今の教室を創る　菊池道場機関誌『白熱する教室』」（中村堂）の第3号（2016年冬号）、および第8号（2017年春号）から第15号（2019年冬号）に掲載された内容を、大幅に加筆・修正した上で、再構成し、一冊にまとめたものです。

## 「白熱する教室」を創る
## ——私の教育観

**8つの視点**

菊池　省三（菊池道場　道場長）

### 1 はじめに

　「今の教室を創る」とサブタイトルをつけた菊池道場の機関誌「白熱する教室」を創刊したのは、2015年7月15日でした。直後の8月8日に「第3回ほめ言葉のシャワー全国大会」を開催。さらに、翌9日に「第1回菊池道場全国支部長会」を開催して、全国ネットとしての「菊池道場」が本格的に始動しました。

　以来、全国の各支部に特集を分担してもらう形で年4回の発行を続け、2018年末に発行した「2019年冬号」で15号となりました。途中、発行した臨時増刊号1冊も加えて、全16冊を発行しました。

　機関誌「白熱する教室」は、全国の支部に特集を担当していただくことで、特集をまとめることを通して支部メンバーが実践と学びを深めてきました。いわば、菊池道場の実践と理論の拡大と進化・深化の原動力となってきたのです。この点が「菊池道場の機関誌」として、他の教育書とは一線を画したものであると自負しています。

　機関誌の発行は、全国の道場メンバーへの理論と実践の伝達という本来の機能を果たしてきたことはもちろんのこと、原稿執筆メンバーの実践や活躍が、読者である全国のメンバーへの大きな刺激となって、切磋琢磨し合う関係をより強くしてきました。

　2017年の春からは、本間正人先生（京都造形芸術大学副学長）による「学習学と菊池実践」や、松下幸市朗先生（京都造形芸術大学マンガ学科専任講師）による漫画「ひとり暮らしの小学生 価値語篇」の連載をスタートしていただき、広がりのある内容へと展開してきました。

　同じタイミングで、菊池実践の根幹である「ほめ言葉のシャワー」「成

長ノート」「価値語」「話し合い活動」をテーマとした1年間（計4回）の連載を、菊池道場メンバーの4人の精鋭にしていただきました。

そして、2018年度は、「主体的・対話的で深い学び」「道徳教育」「学級ディベート」「圧倒的な学習量」という新しいテーマで連載を新たな4人のメンバーにしていただきました。

そして、私自身も、毎号、特集のテーマに合わせて、場合によってはその時々の日々の経験の中で強く感じたことを、原稿としてまとめてきました。

今回、私のまとめた原稿のうち4本と、8人の道場メンバーによる原稿を、再構成して1冊にまとめることといたしました。8つの異なる視点・切り口からのアプローチですが、「どんな人間を育てるか」という教育の目標としてめざすところが完全に一致していることを再確認し、菊池道場の提案として多くの方々に読んでいただきたいと考えたからです。「8つの視点」の先にある教育観・授業観を感じていただきたいと思います。

1年間の見通しをもって、言葉を大切にして心を育て、「悪しき一斉指導」から脱却し、個の変容を大切にするという私の考える授業観・教育観の実現のために、全国の多くの教室で毎日挑戦が続いていることをとてもうれしく思います。「白熱する教室」という機関誌のタイトルに込めた思いそのものです。

今後も菊池道場機関誌「白熱する教室」を軸として、コミュニケーション力あふれる学級が全国に実現することを願っています。

## 2 学級全体を常に見つつ個に寄り添う指導を

### 個に寄り添う大まかな1年間の見通し

　私の2大実践と言われる「成長ノート」と「ほめ言葉のシャワー」は、年間を通して行う実践です。

　一人ひとりとつながりたい、という思いから「成長ノート」が生まれ、子ども同士をつなぎたい、という思いから「ほめ言葉のシャワー」が誕生したのです。

　今のような形になったのは、20年ほど前ですが、「どの子にも居場所がある教室を創りたい」という思いは、新採時代からありました。日記指導は教師1年目から行いました。

　右の写真は、20数年前の「個人ポスト」という取り組みです。学級全員に小さなポストを作らせ、友達のよいところを手紙に書いて入れ合うという取り組みです。

　どの子にも手紙が入るように呼びかけたり、私がすすんでよいところを見つけて書いたりすることをしていました。教室の中に「つながり」を生み出す取り組みでした。

　その下の写真もその頃のものです。真ん中のトロフィーは、「スピーチ大賞」という取り組みのものです。毎日、コミュニケーションに関する内容で頑張った子どもに渡していました。受賞した子どもは、その日お家に持って帰ることができるのです。

　全員が平等に持って帰ることができるように、一人ひとりのよさを見

つける観察力と、それを伝える「ほめ言葉」が必要でした。

この2つの取り組みは、日記指導と共に、私の「個に寄り添う」指導の原型になったと、今でも懐かしく思い出す実践です。

20数年前は、「学校だから」「先生が言うことだから」といった雰囲気が色濃く残っており、教師が行うことにある意味寛容でした。しかし、その後に、「いじめ」「学級崩壊」といった問題が全国的にニュースになり始めると、そのような雰囲気はなくなり、厳しい目が我々にも向けられるようになりました。プロとしての力量が必要となってきたのです。

私は、その中の大きな一つに、「1年間を見通した学級づくり、授業づくり」の力量があると考えています。

一人も見捨てないで、全員を成長させる年間を見通した指導力が問われるようになり、求められるようになったのです。

多くの教師は、あれもこれも実践したがります。過去の私もそうだったと思います。残念ながら、それでは長続きしません。実践の芯となる部分を確定しないまま行うからです。1年間もたないのです。

そのような中、私自身がその芯となる部分にしたのが、前述した「成長ノート」と「ほめ言葉のシャワー」だったのです。

私は、2大実践を中心に、以下のような大まかな1年間の見通しをもって様々な教室実践に取り組んできました。

> 1学期 ……**教師と子どもがつながる**
> - 成長ノートを軸とする
> - 知的な話し合いのある授業を行う
> - 各活動の基本形を教える

> 2学期 ……**子ども同士をつなぐ**
> - 子ども中心の活動を増やす
> - 活動に責任をもたせる
> - 活動の自由度を拡大する

> 3学期 ……**個人の中の変容を意識させる**
> - 活動後、活動と活動の間を大切にする

「白熱する教室」を創る─私の教育観　007

- 個の変容を丁寧に価値付ける
- 個と個の関係性を意識させ深める

1年間を見通し、学級という集団の動きを見ながら、その時々の個に寄り添う指導を心がけてきたのです。全体と個の関係を、1年間という期間の中で分析、評価しながら次の指導を行っていたのです。

下の「成長年表」は、そのような考え方を子どもたちと共有しながら、毎年完成させていったものです。

## 個に寄り添う私の視点10

以下は、私が心がけている個に寄り添う時の視点です。

①非言語を「みる」

コミュニケーションの指導に力を入れています。表現内容よりも、表情や態度といった視覚情報を「みる」ようにしています。

②「ながめる」ことを心がける

距離的にも心理的にも「ながめる」ということを意識しています。その子の過去や現在を未来とつないで反芻できるからです。

③個と個、個と全体を「つなぐ」

常に学級全体という視点をもっています。個のよさを教室全体に広げるという視点です。個と全体は関係し合って伸びると判断しているからです。

④ 深読み、深掘りをする
　子どもの行為には全て意味がある、と考えています。ですから、その時の現象だけで判断しない目が必要だと考えているのです。

⑤ 極微の成長を喜ぶ
　子どもの小さな変化＝成長を喜べる教師であるべきだと自分を戒めています。可視の世界よりも不可視の世界を大事にすることです。

⑥ マイナスは常にリセットする
　子どものマイナス行為があっても、それを引きずるようなことがないようにします。ピンチはチャンスだと捉え、次を考えます。

⑦ 未来とつないで小さな行為をほめる
　社会に役立つ大人に育てることが目的ですから、子どもの些細な行為もそことつないで大きく意味付け価値付けしてほめます。

⑧ 子どもの得意分野に目を向ける
　苦手意識を強化するような「圧力」をかける指導ではなく、その子どもの「らしさ」が活かされるような場を用意し言葉をかけます。

⑨ 規模の拡大を大胆に行う
　「非日常」が子どもを成長させると捉えています。意図的に仕組みます。「成長年表」は、拡大した規模を残し、その象徴でもあります。

⑩ 長所接近法で接する
　短所を見つけて子どもに近づく短所接近法の逆です。特に、「ほめる」「認める」ことを意識して、第一声をポジティブにします。

本書 23 ページに掲載しました「『授業観』試案」にも書きましたが、教室の中の凸凹を生かす指導が大切になってきます。そのためにも、1年間の学級全体の動きを見通しながら、個に寄り添った温かい指導を心がけたいものです。

## 3　「書く」ことを核とした菊池実践の事実

### はじめに

　私の教師としてのスタートは、作文指導でした。生活綴り方教育の指導が色濃く残っていた時代ということもあり、その当時の私は、毎日の日記指導を中心に「書く」指導を大切にしていました。

　その後も、私は、当たり前のように「書く」指導を教室の中に取り入れていました。成長ノート、私の本、各教科でのノート指導など、「書くことは、考えること」という考え方に立ち、日常的に書くことで子どもたちを育てていました。このように考えると、菊池実践の核は、「書く」ことであるともいえます。

### 今、全国の多くの学校、学級で「書く」ことの実態は…

　全国の学校、学級に行き、授業をします。

　そこで、

「こんなことを書くことにも苦労するのか…」

「この教室は、日常的に書く指導を行っていないな…」

「これだけ書けないと、普段の授業はどうしているのだろう…」

　といったことを、授業をしていて正直思うことがあります。

　多くの子どもが、書けないのです。最初から「書かない」と、決めているかのような子どもの多い教室もあります。

「簡単な自分の感想を 1 行書きましょう」

「自分の立場の理由を箇条書きで書きましょう」

といった問いに対しても、教室の多くの子どもがそのような状態の教室が多いのです。そのような教室での授業は、どうしても浅く、深まりのないものになってしまいます。対話的な白熱する授業にはなりません。

その「書けない」「書かない」原因の多くは、普段から書き慣れていないということにあると考えます。そのような教室は、書くことを授業の中に位置づけていないのでしょう。「教師の問い→一部の子どもが挙手→指名」で過ぎていく悪しき一斉指導型の授業が中心なのでしょう。

書くことを重視しない教師の指導観、授業観が分かる気がします。そこで毎日を送っている子どもたちがかわいそうに思えてきます。

## 私は、「書く」指導のあり方と価値をこう教わってきた

ここでは、今の私を支えている書くことに関する言葉を記述します。

北九州市で私を育ててくださった桑田泰佑先生から、

「昔から『書くことは、考えることだ』と言われている、我流に走らないできちんと作文指導の歴史と理論に学びなさい」

と、よく言われました。

桑田先生には、子どもたちへの作文指導だけではなく、教育論文の書き方も厳しく指導していただきました。そこでは、「研究ごっこ」の論文ではなく、実践に生きる研究論文の書き方、考え方を教わったと感謝しています。

市毛勝男先生にも多くのことを学びました。「説明的文章の学習は、最終的には作文指導である」といったお言葉は、自分の中にストンと落ちました。「はじめ・なか（3つ）・まとめ・むすび」の構成指導は、その後の菊池実践の「3つあります作文」「3つありますスピーチ」へとつながっていきました。シンプルでありながらも奥の深い学びでした。

野口芳宏先生には、

「書く力を育てるには、『多作』が一番である。歩くように、空気を吸うように書ける子どもを育てることだ」

といったお言葉をいただきました。

このことは、菊池実践の「成長ノート」の考え方に多くの影響を与えてくださいました。「成長ノートに書かせるのは、『いつでも、どこでも、何度でも』でいいのです」と私がよく口にするのは、この野口先生のお言葉があるからだと思います。
　もちろん、お名前を出させていただいた先生以外にも多くの方から、多くの書籍から学ばせていただきました。

### 菊池学級における書くことの実際

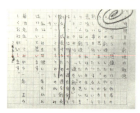

　私が担任していた頃の子どもたちの作文指導の実際を紹介します。

①成長ノート　　上の左の写真です。年間で4～6冊になります。公社会に必要な人間を育てようと考えました。

②国語ノート　　上の中央の写真です。授業には、必ず書く活動を入れました。特に、単元の終了後には、みっちりと学びを振り返らせました。

③社会科ノート　　上の右の写真です。教科のノートは、対話的な学びの作戦基地と考え、そのための工夫をさせました。特に社会科は議論の仕方を教え、考えさせました。

④学級会ノート　　右の写真です。個が確立した集団を育てるためにも学級会ノートは必要でした。話し合いの仕方も学習内容でした。

⑤委員会活動カード　　学校全体で取り組む活動でも、教室と同じかそれ以上に書くことを大事にさせました。子どもたちは辞書を片手に移動していました。

⑥修学旅行のしおり　　修学旅行のしおりの一部です。ある時のしおり

は、子どもたちの発案で40ページを超える「作文」がありました。

⑦卒業文集　卒業文集の寄せ書きです。「マンガ作文」などもあり、表現方法も一人ひとりの個性が光っていました。

## 4 「教師のパフォーマンス力
―「演じる力」、「子どもを『みる力』」

### はじめに

　最近の講演会やセミナーで必ず話すことの一つに、「教師のパフォーマンス力」があります。私が考える教師のパフォーマンス力とは、「演じる力」と「子どもを『みる』力」です。
　授業を見せていただいて、多くの教師のこの力が弱いのではないかと思うことが多いのです。

### ある授業場面から教師のパフォーマンス力を考える

〈教師の話し方〉

　私は、授業中に小声で一人の子に話しかけることがあります。全体に話さないで、意図的にAさんやB君に話しかけるのです。
＊話しかける子や周りの子どもたちに対して
　・近づき、目線の高さを合わせる
　・少し砕けた話し方をする
　・周りの聞いている子どもたちの様子にも気を配る
＊効果を次のように考えています

- ユーモアの楽しい雰囲気を生み出す
- 集中して聞く雰囲気を生み出す
- 全員が聞くようになり一体感を生み出す
- 学びを「教師対子どもたち」から「教師と子ども対子どもたち」にして立体感を出す
- 子どもたちに自分の聞き方の自由度を保障する

　私は、教育方法や教育技術の前に、教師のもつ雰囲気や仕草、動作、構えなどが大切であると考えています。つまり、教師のパフォーマンス力が重要だと考えているのです。それらが、教育方法や教育技術の土台になっていると考えているのです。

　ここでは、教師のパフォーマンス力について考えます。

### 1. 教師の動き〜歩き方

①小走りで教室後方から教壇に戻る
②指名してステップで黒板前に戻ったり、指名した子どもから離れたりする
③教壇からジャンプして降りる
④両手を開いて一人の子に全員の視線を集めるように移動する
⑤子どもの発言に相槌を大きく打ちながら全体に目線を送れる位置に動く
⑥板書後にクルリと全体に振り向く

### 2. 教師の動き〜スキンシップ

①握手を求める
②称賛の言葉とともに肩をたたく
③望ましい挙手の指先のあり方を促す
④迷っている子、発言させたい子の指を持って挙手を促す

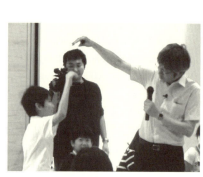

⑤前に出て発言した子どもの両肩に手を置き称賛する
⑥「気になる子」「困っている子」に軽くタッチして安心感を与える

### 3. 教師の動き〜指先、手

①声を発しないで指先だけで指示をする
②近づいて手を差し出して指名する
③「みんな、全員」を両手で示す
④「素晴らしい」「拍手を送ろう」を指で示す

⑤５分の１黒板等に書いたことを繰り返して読むのではなく指し示す
⑥発言への安心感を示す両手を広げるポーズ

### 4. 教師のリアクション

①発言する子どもの一番のファンになる
②リアクションの基本を驚きにする
③リアクションは面白がることを大事にする
④美点凝視でよかった点を言葉にする
⑤よいリアクションをしている子も取り上げてほめる
⑥リアクションと価値付けた言葉をセットにする

### 5. 学級全体の見方

①一人ひとりの表情や姿勢の変化
②スピード(着手、切り替えなど)の変化
③自己開示のレベル(書く作業、反応表情、態度等)
④キーパーソンの動き
⑤全体の緊張と弛緩のバランス
⑥「一人が美しい」行為の子ども
⑦「一人をつくらない」子どもの行為

### 6. 個に対する接し方(声かけ)

①困っている子に「困ってない?」
②早とちりの子に「スピード違反」

「白熱する教室」を創る―私の教育観 015

③一度失敗した子に「心が強い」
④おとなしい子に「聞き方が誠実」
⑤意欲的な子どもに「君みたいな子どもは日本の宝だ」
⑥気になる子には、未来予測の「きっと〇〇になるね」

### 7. 個と個、個と全体をつなぐ

①よい態度をほめてそれをまねしたり修正したりした子どもをつないでほめる

②発言に困っている子がいたら「助けられる人いますか？」で挙手した子どもをほめる
③友達のよさの話を喜んで聞いている子どもをほめる
④立ち歩きで声をかけ合っている子どもをほめる（教師の指示で行ったとしても）
⑤ペアの対話や活動時の笑顔や体の動きなどの非言語をほめる
⑥１時間の中での子どもの変容や成長を取り上げて紹介する

### 8. 学級の盛り上げ

①称賛の拍手をリードする「さすが。はい、拍手！」
②リアクションを促す「こんな時にはリアクションするの！」
③ガッツポーズ、ハイタッチを促す
④「学級」「〇年〇組」「みんな」を主語にほめる

⑤3Sのほめ言葉（すごい、すばらしい、さすが）を口にして理由を話す
⑥細かな動きを小刻みに入れ、スピード感を出して価値語でほめる

### 9. 子どもの非言語への着目

①流行している持ち物

②子どものファッション
③芸能界情報
④子どもの会話内容
⑤子ども同士の友達関係づくり
⑥成長ノート等の作文
※以上の子どもたちの非言語を日常的に「みて」おき、授業場面でも雰囲気に合わせて効果的に話題にあげる。

10. 安心して楽しく学べる「しかけ」

①書かれていることの確認等の簡単な問いを出す「お話の中に誰が出てきましたか？」
②答えの言葉の一文字を伏字にしたヒントを出して当てさせる「正解は、『り〇う』（理由）です」

③「『あんた、分かるか？』と隣の人と３秒相談しなさい」などと指示して、短い時間でユーモア語を入れて相談させる
④多様な答えが出る問いを出す「気づいたこと思ったこと考えたこと何でも構いません」
⑤特定の子のための問いを出す「君のためにもってきたとっておきの質問があるんだ」
⑥「誤答」の価値付けをする「なるほど。そう考えたところに君らしさがあるんだね」

　この10の視点は、飛込授業が続く今の私の「授業スタイル」でもあります。私のキャラクターに合った「授業スタイル」ということです。
　当然、教師一人ひとりのキャラクターは違います。自分に合ったパフォーマンスがあふれる「授業スタイル」の確立を先生方一人ひとりがめ

「白熱する教室」を創る─私の教育観　017

ざしていくべきであると考えています。その参考の一つになれば幸いです。

## 5 私を鍛え育てた師匠の言葉

### はじめに

　講演先で、次のような質問を受けることがよくあります。

「菊池先生のそのエネルギーはどこからくるのですか？」

「挑み続ける菊池先生のモチベーションの秘密は何なのですか？」

　私は、迷わず「師匠の桑田先生のおかげです」と答えます。20代の頃から私を鍛え育ててくれた桑田泰佑先生のことを話すのです。

　桑田先生は、北九州市の中学校の教師をされていました。ご指導をいただいた時は、市内の公立中学校や附属中学校の校長でした。

　私を育ててくださった桑田先生の「桑田語録」です

1. 知恵がないものが知恵を絞っても知恵は出てこない。だから、本を読め、人に会って話を聞け

　桑田先生からの「菊池、なぜ文学を教えるのか」の問いに、何も答えられずに黙っていた私にかけていただいた言葉です。私の学びのスタイルを決めた言葉です。

2. わしにとって、国語と道徳は道楽。遊び。だから楽しい

「どうして桑田先生は、勉強をそんなに楽しそうにされているのですか」と質問した時に、瞬時に返ってきた言葉です。「ちょっと待っておけ」と言っては、すぐに書斎から関連する書籍を楽しそうに持って来られ、「ここに書いてある」と笑顔で話されていました。

「勉強は苦しいもの」とばかり思っていた私にとって衝撃の言葉でした。

3. 研究は創造。これからの未来のこと。だから、わしが実践をしとろうが、お前がしてなかろうが、過去は関係ない。研究のスタートはいっしょ。だから、お前にも教える

「どうして私みたいな若い者に、そのように熱心に教えてくれるのですか」という私の素朴な疑問に答えていただいた時の言葉です。

桑田先生は、学ぶことに手を抜くことはありませんでした。丸一日、桑田邸で学ぶ日もありました。常に新しいものを追究されていました。

4. 毎年研究テーマが変わる教師が多いが、お前だけは毎年コミュニケーションで同じじゃ

右は、桑田先生のご指導を受けて書いた25年ほど前の原稿です。(明治図書「国語教育」より)

何度か原稿においてもご指導を受けました。厳しかったです。ダメ出しも何度も受けました。初めて原稿料をいただいた時に、大変喜んでくださって、「わしが初めてもらった原稿料は、仏壇に供えた」と語ってくださったことを今でも思い出します。

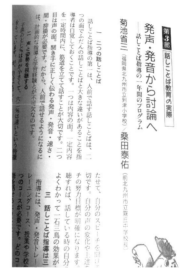

5. スピーチができない子どもたちがいるのだから、スピーチの指導を1年間続ければいい

学級崩壊した学級を担任した4月に、簡単な自己紹介スピーチもできない子どもたちの様子を話した時にいただいた言葉です。当時の国語教育界は、読解指導と作文指導が花盛りでした。コミュニケーションは研究実践の中心ではありませんでした。正直「貧乏くじを引いたな」と思っていた私でしたが、この一言から今の自分があると思っています。感謝の思いしかありません。

## 6. 意味の分からない建前を言う教育委員会はつまらん

　私が、北九州市の教育論文個人部門で最優秀賞を取った次の年、2年連続をめざしたのですが、残念ながら優秀賞でした。

　それを知った桑田先生は、教育委員会の担当者に、「なぜ、菊池の論文は最優秀賞ではないのか」と尋ねられたそうです。返ってきた言葉は、「2年連続は過去に例がないので」だったそうです。教育委員会のそれに対しての桑田先生の言葉です。

## 7. わしは、5年間教育書は読まないと決めた

　桑田先生の口癖の一つに、「教育書は毎年同じようなことばかり書いている。新しいものを生み出そうとしない」があります。新しい価値ある実践を常に考えておられたのです。先生は、教育書の代わりにビジネス書をよく読まれていました。「ビジネス書の中に、教育にも生かせる新しいアイディアがある」ともよく言われていました。この言葉がきっかけになり、私の読書傾向も変わりました。

## 8. 出会うことがなくても1年間その先生と一緒に勉強したことになるだろ

　私が購読していた教育雑誌を手にして、「連載されている先生の中で、どのテーマ、内容が一番気になるか」と問われました。その中の一つを選んだ時に、「では、この方の次号の原稿内容を予想して、次回の勉強会に持ってきなさい」と言われました。

　一か月後、自分なりに勉強して考えてまとめてみましたが、当然のことですが内容もレベルも違います。桑田先生の指導が入ります。そしてまた、「次号を予想して考えなさい」と言われました。それが、1年間続いたのです。そのような学びの時に言われた言葉です。教育雑誌の読み方が変わりました。学びの規模の大きさに驚かされました。

## 9. この教案はつまらん。破りなさい

　ある先生が研究授業の教案を作られた朝に、「昨日は、少しは寝たのか？　なぜ、寝たのか？　寝なければもっといいものができたはずだ」と叱責されたそうです。その上、朝の職員会で、「この教案はつまらん。

破りなさい」と言って、全教職員に破棄させたというのです。その先生もいる中で…。

師匠の、研究に対しての厳しさを物語るエピソードの一つです。

## 10. 先生は、月に1回ぐらい年休を取って釣りにでも行けばいい

桑田先生は、厳しいばかりではありませんでした。発想が豊かで、人情味あふれる方でした。「毎日学校に来て真面目にやるのもいいが、たまには休んで違う世界を見るのもいい」「月曜日の昼間の小倉駅の人の流れを見るのも大切だ。教室内であくせくするばかりではだめだ」などと話されていました。

## 11. お前の立ち位置が悪い

30代になった頃にいただいた言葉です。毎月授業を参観していただいていました。授業後は、ストップモーション方式で指導していただいていました。

初めて参観していただいた後の、その指導の時でした。授業開始のチャイムが鳴っている時に、「ビデオを止めろ」と言われたのです。「まだ授業は始まっていません」と私が言った瞬間に、この言葉を言われたのです。 教師の全ての教授行為には意味がある、ということを考え始めるきっかけになった言葉です。

## 12. 全国レベルになれ、全国レベルになれ

価値ある実践など何もない若い私に、何度も何度も言ってくださった言葉です。「教室の中での実践は、全国をめざしたものでなければならない」「北九州の小さなお山で満足してはだめだ。最初から全国レベルを考えなさい」とよく言葉をかけていただきました。 現在、私自身がどうなっているかは自分では分かりませんが、過去の歴史に学び、今の教育界の事実にも目を向けようとしているのは、桑田先生のこの言葉があるからです。

## 13. お前はフットワークが軽い。だから、お前には吸収力がある。吸収力がある人間は必ず伸びる

この言葉は、桑田先生から私が唯一ほめられた言葉だと思います。コ

ミュニケーションに関する実践研究の指導をしていただいていた時のことでした。

書籍を買い漁り、全国の研究者や実践者から学んでいた時のことでした。教室の中で、さまざまな実践を繰り返している時でした。

師匠に少し認めていただけた気がして、うれしかったことを今でも覚えています。学び続ける覚悟をもたせてくれた言葉です。

今、「師がいるということは幸せなことである」という、この言葉をかみ締めています。

実践内容や研究内容だけではなく、教師としての生き方を教えていただきました。当たり前のことですが、私は師匠を超えることができません。でも、育てていただいた恩返しとして、師匠を追い続けることはこれからも忘れないようにしようと考えています。

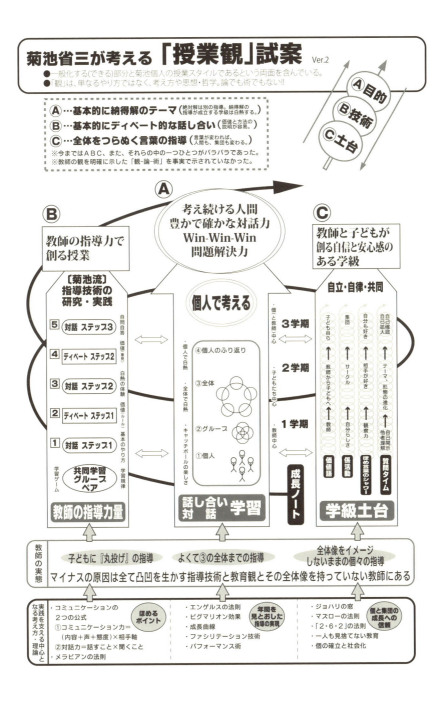

「白熱する教室」を創る―私の教育観

# 菊池省三が考える「授業観」試案② ver.1

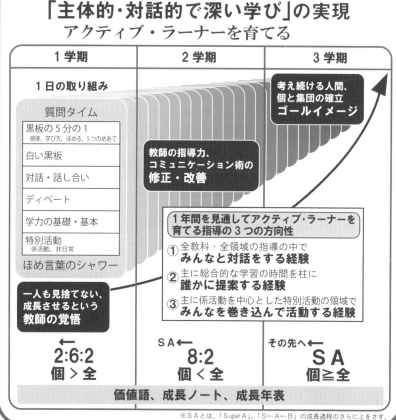

## 菊池省三が考える「授業観」試案③ ver.1

### 「成長の授業」を促す
各1時間の授業で大切にしたい「10のめあて」
〈裏のめあては「教師のみる目」〉

**表のめあて(教化)**
① 知識・技能に関する配慮(失敗感を与えない)

**裏のめあて(感化)**
② 学級経営的な配慮
③ 学習規律の醸成
④ 学び方・学習用語の定着
⑤ 子ども同士の横の関係づくり
⑥ 逆転現象を生み出すしかけ
⑦ 動きのある学習展開
⑧ 美点凝視でほめる声かけ
⑨ 笑顔、ユーモアのあるパフォーマンス
⑩ オープンエンドの授業展開

### 年間を見通した「成長の授業」
[ 公社会に役立つ人間を育てる 個の確立した集団を育てる 考え続ける人間を育てる ]

**ライブ・ライブ・ナマナマを育てる**
真のアクティブ・ラーニングを育てる

価値語/質問タイム/ほめ言葉のシャワー/ディベート/
成長ノート/少人数による話し合い(成長)係)活動 等

**主体的・対話的で深い学び**

これからの時代の習得重視の指導法と

知識重視の授業
読み・書き・計算

従来の一斉指導

圧倒的な読書量/圧倒的な語彙量(価値語)/
圧倒的なコミュニケーション力/圧倒的な語彙力/
圧倒的な読む力/圧倒的なパフォーマンス力/圧倒的な協同性 等

---

❶ 価値語
❷ 成長ノート
❸ ほめ言葉のシャワー
❹ 話し合い活動
❺ 学級ディベート
❻ 道徳教育
❼ 圧倒的な学習量
❽ 主体的・対話的で深い学び

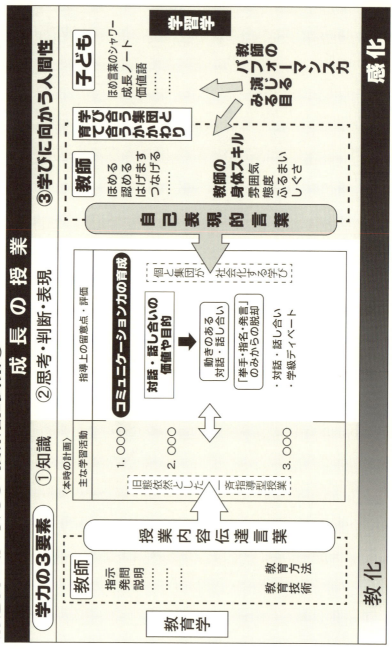

# 価値語
## 言葉で人間を育てる

8つの視点 1

堀井　悠平（菊池道場徳島支部）

## 1 価値語があふれる「みんなが成長する教室」を創ろう

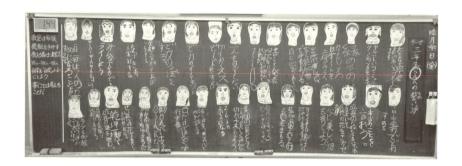

### 「価値語」の力で成長する教室へ

　上の写真は、平成28年度に担任をした3年生3学期のものです。ＳＡ（スーパーＡ）をめざして、残された時間でどのように成長していくかを子どもたちが黒板に宣言しました。子どもたちの言葉の中には、これまで学んできた「価値語」があふれています。

　ほめ言葉のシャワー、成長ノート、価値語、話し合いの授業は「菊池実践の4本柱」です。その中でも「価値語」は、菊池実践の中核を担っていると言えます。なぜなら、価値語が他の実践と複合的、相補的に絡み合っているからです。私は、子どもたちが成長する教室へと変容していく源は「価値語」にあるのではないかと考えています。

　ここでは、「価値語」の力によって成長する子どもたちや教室の姿を、具体的な実践と変容の事実をセットにして紹介します。また、押さえておきたい価値語指導のポイントをまとめます。

## そもそも「価値語」とは何か？

> お前は、人の何倍も努力をしていたな。
> 「努力に勝る天才なし」この言葉を忘れずに、これからも努力を続けていくんだぞ！

　私が、少年野球を卒団する時に監督からかけられた言葉です。12歳のあの日から「努力に勝る天才なし」という言葉が、今でも私の中に生き続けています。皆さんにも友達や家族、恩師にかけられた忘れられない言葉があるのではないでしょうか。そして、その言葉に影響を受けたという経験があるのではないでしょうか。

　人は言葉によって考え方や行動がプラスの方向に導かれていくことがあります。菊池省三氏は人の考え方や行動をプラスに導く言葉を「価値語」と名付けています。そして「言葉が人を育てる」という信念のもと、教室の子どもたちを成長へと導いてきました。

---
**【価値語指導のポイント①】**

言葉が心を育て、人を育てる

---

### 価値語がめざすもの

　菊池氏は、価値語を指導する目標について

> 目標＝価値語を示すことによって子どもたちが自発的に伸びていく指導である。

と書かれています。価値語は子どもたちの内面に潜入し、自ら成長していこうとする成長思考に導いてくれます。そして、価値語がたくさん植林されていくと、自己を高め互いに成長し合う教室になっていきます。

1　価値語　言葉で人間を育てる　029

> 【価値語指導のポイント②】
> 価値語がめざすものは教師の管理・統率ではなく、子どもたちの「自発的な成長」

## 価値語に「感化」され成長する子どもたち

　3年生を担任していたときの出来事です。3学期に学級内でトラブルが起こりました。その時に「鳥の目で見る力」という価値語を子どもたちに教えました。自分や相手を俯瞰して見る力や、相手の気持ちを想像する力をもってほしいという思いからでした。言葉だけでなく、黒板に絵や言葉をかいて説明しましたが、うまく伝わったか不安でした。

　しかし、数日後にある男の子が成長ノートにこんなことを書いていました。

> 　ぼくは、今日友だちとケンカをした後に一度鳥の目で考えることにしました。すると、「そうか、あの時にあんなことを言わなかったらよかったんだ」ということに気づきました。
> 　そして、友だちにあやまることができました。だから、これから何かが起きたときには、鳥の目になって考えてみます。

　4月当初は、カッとなると友達を傷つける言動があった男の子です。その子が「鳥の目で見る力」という価値語によって自分のことを冷静に振り返り、友達に謝ることができました。

> 教育には「教化」と「感化」がある

と菊池氏は言います。おそらく男の子は「鳥の目で見る力」という価値語と実体験が相まって、自身の内面に価値語がすっと入ってきたのだ

と思います。このように、価値語に感化され言葉が自分のものになった時、はじめて自発的な成長へとつながっていくのです。

---

**【価値語指導のポイント③】**

「感化」された時、その価値語が自分のものとなり、自発的な成長につながる

---

## 1年間の価値語指導の見通しをもつこと

---

1年間の見通しをもって意図的、計画的に指導することが大切である

---

と菊池氏はよく言われます。私は、価値語を軸にした1年間の学級経営の計画を立てています。次の図のように、1年後にめざす子ども像を項目ごとに設定し「言葉の力を実感する→言葉を意識して使う→言葉が豊かになる」という3段階で、どのような言葉で子どもたちをプラスの方向へ導いていくかを考えています。

1年間の全体像を明確にしておくことは、次の3つの利点があります。

---

①めざす子ども像に向けて、1年間ぶれずに指導することができる。
②うまくいかないときは、しっかりと自分の実践を振り返り、軌道修正ができる。
③子どもたちが自分の予想を超える成長を見せた時、教師自身がさらに研鑽を積み力量を磨くことができる。

---

教師は、子どもたちは必ず成長すると信じて、子どもたちと関わっていくことが大切です。そして、価値語を子どもたちの心に伝え続けることで、やがて子どもたちから豊かな言葉が生まれるようになり、大きく成長していきます。

1　価値語　言葉で人間を育てる　031

■ 1年間の価値観形成・学級経営計画

# 3年生 「価値語」を軸にした学級づくり　試案 ver.1.5
## ～「一人も見捨てない教育の実現」を目指して～

菊池道徳部　堀井 悠平

| 言葉の成長 | 言葉の力を実感する | 言葉を意識して使う | 言葉が豊かになる | 目指す子ども像 |
|---|---|---|---|---|
| | | 「価値語のブレイクスルー」～子どもたちが言葉を生み出す！～ | | コミュニケーション力溢れる学級　言葉を大切にする |

| 時期 | 4月 | 5月 | 6月 | 7月 | 9月 | 10月 | 11月 | 12月 | 1月 | 2月 | 3月 |
|---|---|---|---|---|---|---|---|---|---|---|---|
| | 1学期 | | | | 2学期 | | | | 3学期 | | |

「価値語」習得の3段階　　知る　→　増やす　→　広がる　→　生み出す　→　言葉が豊かになる

## 「学級開き」の前に価値語を増やす

価値語を指導するにあたり、まずは教師が価値語を増やし、子どもたちの「言語環境としての教師」になることが大切です。私は学級開きの前に、学習面と生活面に分けて、パソコンに価値語を打ち出しています。学習面だけでも、全部で330個の価値語を蓄えています。例えば、「中指を天井につきさすぐらい手を挙げよう」「正対して聞くことは思いやり」などです。

## 学級開き「価値語との出合い」

学級開きの日、新しい学級の子どもたちとの出会いです。始業式が終わり、新しい教室へと移動をしていきます。私は、教室の入り口の前で一度全員を座らせてこう言いました。

> ここが今日からあなたたちが1年間過ごす教室です。リセットして、新しい気持ちでスタートをします。成長できるように頑張るぞという人は、その場に立ちましょう。

この言葉で全員が立ちました。こうして、子どもたちと成長をすることを約束して教室へと入りました。そして、黒板に「リセット」「成長」と書き、次のように話しました。

> さっき、先生はリセットしようと言いましたね。今日で一度リセットして、前を向いて進んでいこう。このリセットという言葉は、みんなの成長には欠かせない言葉です。みんなを成長させてくれる言葉を「価値語」と呼びます。今日もたくさんの価値語をみんなに紹介しますよ。みんなで価値語を増やしていこうね。

こうして、子どもたちと価値語を出合わせます。その後、子どもたち

1 価値語 言葉で人間を育てる 033

の様子をよく観察しながら、よいところをほめて価値付けをし、黒板の左端に箇条書きで価値語を書いていきます。価値語をいつでも見えるように黒板に残すのです。学級開きで伝えた価値語は次のようなものです。

【学級開きで植林した価値語】2016年度3年生
①リセット
②Aの道とBの道
③手を挙げるときは、右手の中指の爪を天井に突きさすように
④時間は命
⑤切りかえスピード
⑥おはようございますの「は」に力を入れてあいさつをする
⑦迫力姿勢の7ポイント　など

　このように学級開きから、子どもたちにどんどん価値語を伝えていきます。はじめのうちは学習規律的な価値語が多くなります。しかし、それは教師の管理、統率的な規律ではなく、子どもたちが主体となって安心して学習ができる土台をつくるためです。

## 教室に価値語をあふれさせよう

　教室に価値語をあふれさせるために次のような取り組みをしています。

①教えた価値語を成長ノートに書く
②写真と価値語をセットにして掲示する
③朝の黒板メッセージで価値語を紹介
④価値語のミニ授業を行う
⑤授業中黒板の左端に価値語を書くスペースをつくる
⑥価値語をまとめたプリントを印刷して、子どもたちに配布する

　この年に担任した3年生は、価値語にとても興味をもち、学級開き2

日目から自分たちですすんで価値語を集めるようになりました。

　やはり、子どもたちはみんな成長したいと思っているのです。私は子どもたちのこうした思いにしっかりと向き合い、責任をもって価値語を伝えることが大切だと思いました。

【価値語指導のポイント④】
子どもたちの成長を信じて、教師が責任をもって価値語を伝えていくことが大切

## 2 子どもたちが成長を実感する！1学期の価値語指導

### 「価値語」をどんどん伝えていこう！

　ここまでは、価値語指導の1年間のビジョンについて紹介しました。
　1学期もゴールに近づいていくと、価値語が徐々に浸透していき、子どもたちも価値語を使うようになってくる時期です。この時期の具体的な指導について紹介します。

### 1学期の価値語指導

　次の図は、私の考えている1年間の価値語の成長3ステップです。教師は、「言葉の力」を信じて、1年間価値語を伝え続けます。

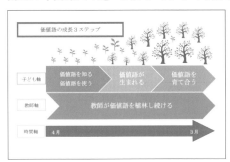

　私は、価値語は上のような3つのステップで成長していくと考えています。
　1学期の前半は、「価値語を知る」「価値語を使う」段階です。まずは、教師から子どもたちに価値語を伝えていきます。

学級の土台を築く1学期は、必然的に学習規律や学び方に関わる価値語が多くなります。

　菊池氏はよく「一般性を身につけた上で出てくるのが個性だ」と言っています。授業においても、学習規律や学び方を知ることで、次第にそれぞれが「らしさ」を発揮する、ダイナミックな学びになっていくのです。そして、1年後には子どもたちの使う言葉が豊かになり、「価値語を育て合う」ようになっていきます。そこで、この時期は焦ることなく、1年間の見通しをもって丁寧に価値語を伝えていくことが大切です。

### 価値語指導がめざすもの

#### ①授業の中で価値語を教える

　1日の学校生活のうち、授業がその大半を占めています。教科の内容はもちろんのことですが、同時に子どもたちの成長につながる価値語を教えていきます。授業中の何気ない子どもたちの発言や行為を、教師がしっかりと価値付けることが大切になります。

　5年生を担任した時のことです。4月の終わりに、道徳で菊池先生の「1本のチューリップ」という授業を追試しました。

　この授業の中では、道徳としてのねらいと同時に、学び方や思考の仕方を教えるというねらいももっていました。

　この授業は、次の4つの発問で行いました。

---

①ある女の子が、学級園のチューリップをこっそり1本取って帰りました。この行為は○か×か。

②女の子のおばあちゃんは、病気で入院していました。おばあちゃんはチューリップが大好きでした。女の子は、おばあちゃんにあげようとして取ったのです。この行為は○か×か。

③女の子は、どうすればよかったのか。

④あなただったらどうするか。

---

子どもたちからは、たくさんの意見が出されました。その意見を拾い上げ、価値付けしていきました。
　例えば、

> 　Bくんの今の発言は、もし自分だったらどうするかを考えていました。このように考えることが素晴らしいです。「もし思考」ができているBくんに大きな拍手を送りましょう。

というように、思考の仕方を価値語とセットにしてほめていくのです。価値語を使ってほめることで、よかった点がより具体的になります。また、それを聞いていた周りの子どもたちも感化されていきます。
　このようにして、授業の中で全体を巻き込んで価値語を使って学び方や思考の仕方を教えていきます。

②黒板5分の1を価値語指導に使う

　教えた価値語は、黒板の左端5分の1のスペースに書いていきます。
　こうして、授業の中で価値語を見える化することができます。また授業中に繰り返し価値語を使って指導することができます。
　1学期には学習規律的な価値語をたくさん教えることになります。例えば、「話している友達に体を向けて話を聞く」という指導をするときには、黒板5分の1に「正対して聞く」と書きます。そして、授業中に発表する子を指名した後、黒板の5分の1を指さしながら「正対して最後まで聞きましょうね」と先に聞く側へ言葉をかけます。黒板の5分の1を活用することで高圧的な指導が、前向きで積極的な指導へと変わっていきます。

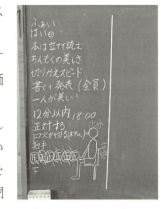

## 価値語を共有する教室環境

①朝の黒板メッセージ

価値語指導では、「継続」と「活用」の繰り返しが大切です。特に、1学期の学級の土台をしっかりとつくっていくこの時期は、繰り返し丁寧に価値語を指導していく必要があると考えています。そこで、授業中だけでなく、子どもたちが価値語に触れるような環境づくりをしています。その1つが、朝の黒板メッセージです。例えば、次のような内容を書いています。

①教えた価値語を箇条書きで書く。
②よい行為を撮った写真と価値語をセットにして黒板に書く。
③名言や格言を書いておく。

こうして、朝から価値語を環境の中に入れています。また、朝の会の教師の話の時に、価値語をもとに、子どもたちに自分や学級のことを考えさせることもあります。価値語の「ミニ授業」です。子どもたちは「心の授業」と呼んでいました。5～10分ほどのミニ授業ですが、価値語を活用して、価値ある発言や行為を学級全体に広げることができます。

②価値語ミニ授業

価値語指導がめざすのは、子どもたちの自発的な成長です。価値語は、時に子どもたちの心に響き、成長を後押ししてくれます。

5年生の子どもたちに「教室はまちがうところだ」という絵本を使って価値語ミニ授業をしました。価値語ミニ授業の後、ある女の子が成長ノートを書いてきていました。4年生の時に転校してきた女の子です。4年生の時には、授業中なかなか発表することができなかったようです。

私は、今までまちがったらどうしよう、みんなになにを言われるのかなという考えをもっていました。だから、自分が発表したいけど、あきらめてしまうことがたくさんありました。でも、それではこうかいしか残りません。
　私は引っこしをしてまだ2年なので、本当にみんなの輪に入れているのかなと不安になりました。きんちょうかんももっていました。けど、この詩を聞いて安心しました。5年2組はあたたかい人ばかりです。先生が言ってくれた、
　「発表する者は、考える者」
　「発表する人は、伸びる人」
　という言葉を大事に成長していきたいです。
　そして、今生まれている不安の種が、生長して芽を出さない事を願いながら、卒業したいと思います。
　この考えから、私は一人がこわいのかなと思いました。けど、今ならこの気持ちを乗りこえられる気がします。

　子どもたちは、それぞれにいろいろな思いを抱えて学校に来ています。そして、どの価値語が子どもたちの内面に響くかは分かりません。やはり、教師が「言葉の力」を信じて価値語を指導することが大切です。
③価値語モデル

　普段からデジタルカメラをポケットに入れて、子どもたちのよいところを撮っています。
　価値語モデルは、写真と価値語をセットにしたポスターです。写真が入ることで、子どもたちはより具体的によりよい行動を知ることができます。イメージが膨らむことで、自分もあんなふうになりたいと自発的な成長をめざすようになります。

1　価値語　言葉で人間を育てる　039

1学期の初めは、価値語モデルを朝の黒板メッセージと一緒に紹介をしていきます。子どもたちは、なかなかよい行為をほめることができません。しかし、価値語を知ることによって、次第に価値付けてほめられるようになります。価値語を知ることは表現力を高めることなのです。

## 価値語は成長の証になる　〜成長を束ねる白い黒板〜

白い黒板とは「教師や子どもから出た課題に対して、子どもの考えを視覚的に表し、それをもとに新たな目的や目標を構築していくもの」（『写真で見る菊池学級の子どもたち』中村堂）です。

私は、1学期の白い黒板では、「子どもたちに成長を実感させる」ことを大きなねらいにして実施しています。

そこで、教師から出す課題も、

---

「4月からの1か月で学んだこと」
「1学期に成長したこと」

---

など、成長を束ねることができるようなものにします。このような課題設定をすると、黒板いっぱいに価値語が並びます。

子どもたちは、白い黒板が大好きです。始まるやいなや、自分たちが学んできたことや成長についてどんどん書き始めます。過去の成長ノートを見たり、価値語モデルや、成長年表などの教室環境を見たりして、価値語を書き出していきます。15分ほどで、黒板は価値語でびっしりと埋め尽くされます。書き終わった後、子どもたちからは大きな歓声が上がります。自分たちの学びや成長が、価値語によって「見える化」されるからです。

また、黒板にずらりと並んだ言葉の数々を見て、自分や学級の成長を実感することができるのです。さらには、子どもたちから出てきた言葉を全て拾い出してみると、教師の指導の振り返りにもつながります。

1学期の終わりに、白い黒板で学級の成長を束ねてみてはどうでしょ

うか。

## 3 個から集団へ！集団を伸ばし成長曲線を加速させる 2学期の価値語指導

### 2学期は「プラス視点」で学級をつくる

2学期は、子どもたちの大きな成長が見られる時期です。そんな期待を膨らませる一方で、夏休み明けに学級がなかなか軌道に乗らないと思われることもあるかもしれません。私は、日々の実践の中で、どうしても「1学期はもっとよくできていたのにな…」とマイナスに捉えてしまうことがあります。

菊池氏は、2学期の教師の心構えとして、

> 「マイナスの方向に目を向けるのではなく、どうすれば子どもたちがぐんと成長するか、プラス視点で考えることが大切」

だと言います。このように「2学期でさらに成長を加速させよう」、「1学期の課題は修正していこう」とプラス視点で学級づくりをすることが大切なのです。

### 1学期と2学期の価値語指導のちがい

《1学期》 個＞集団 → 《2学期》個＜集団

①縦糸（教師⇔子ども）をつくる1学期

新学期が始まった当初は、学習規律や学級生活でのルールづくりなど、学級の土台づくりを中心にしてきたのではないかと思います。そこで、必然的に1学期の価値語指導では、規律やルールなどを整える価値語が

1 価値語 言葉で人間を育てる *041*

多くなります。例えば、学習面では「切り換えスピードを速くしよう」や「書くと発表をセットにしよう」、生活面では「自分から挨拶をしよう」や「世のため人のためにできることをしよう」などの価値語です。また、1学期の価値語指導では、教師と子どもの縦の関係をつくっていくために、教師が子ども一人ひとりに伝えていくことが中心になります。小さな行為に対しても教師が大きく価値付けしていきました。こうして、教師がたくさんの価値語を伝えていくと子どもたちの日常の言葉や行為が変わっていきます。それは、価値語が正しい行為を具体的に示しているからだと思います。

②横糸（子ども⇔子ども）をつくり成長が加速する2学期

　菊池氏は、「2学期は、だんだんと子ども同士の横の関係が深まっていき、集団として成長が加速する時期だ」と言います。また、成長曲線を加速させるポイントについて、ずばり「**個から集団を意識させること**」だと言います。そこで、2学期の価値語指導では、子どもたちに集団を意識させるものが多くなります。一人の価値ある行為を取り上げ、学級全体に広げ深めていくためです。こうして、2：6：2（やる気がある子：普通の子：問題を抱えた子）の割合を、普通の子をやる気のある子の方へと高めていき、8：2へと集団の質を高めていきます。ここでは、個から集団を意識させ、成長曲線を加速させる価値語指導について実践を紹介します。

### 個の変容を集団の成長につなぐ価値付け

　ある年に担任した5年生のAさんは、学校ではどこか暗い表情を見せている女の子でした。休み時間も仲のいい友達2人とずっと一緒に話をしたり、移動するときもいつも一緒にいたりしていました。授業中も、発表する場面では下を向き、手を挙げて発表することはほとんどありませんでした。しかし、1学期の後半となり、学級の土台ができていく中でAさんは少しずつ周りの友達に話しかけたり、授業中に自分の考えを発表したりすることができるようになっていきました。2学期が始まっ

てしばらく経ったある日のことです。この日は、Ａさんが初めて「ほめ言葉のシャワー」で主人公になる日でした。Ａさんは、友達からほめられている途中、恥ずかしさを隠すためか、表情はずっと硬いままで、目線を落としてじっとほめ言葉を聞いていました。私は、その様子を見ていて正直、「どう思っているのかな？」と不安になったほどです。

　全員がほめ終えた後、Ａさんのお礼のスピーチがありました。いつも、お礼のスピーチでは「3つあります」で話しています。　Ａさんは1つ目、2つ目をすらすらとスピーチしました。しかし、3つ目を言おうとしたときです。Ａさんの声がぴたっと止まりました。数秒間、教室に沈黙が流れました。ふと見ると、Ａさんの目からは大粒の涙が流れ落ちています。どうしたのかなと周りも心配した様子でＡさんのことを見ていました。しばらくして、Ａさんは声を震わせながら語り始めました。

> …3つ目は、本当にうれしかったということです。4年生までの私は、授業中に発表することがすごく怖かったんです…。どうしてかというと、私が発表していると途中で話し出したり、最後まで聞いてくれなかったりしてとても嫌な思いをしたからです。そこから私は発表できなくなりました。
>
> 　けど、今の5年2組のみんなは違います。今私がスピーチをしているとき、みんなが正対をして最後までうなずきながらしっかりと聞いてくれています。
>
> 　私は、今それがとてもうれしいです。今日1日、私のことを見てほめてくれてありがとうございました。

　彼女はスピーチを言い終わると、深々と頭を下げました。その瞬間、教室中に割れんばかりの大きな拍手が響きわたりました。顔を上げた彼女は少し照れくさそうに、笑顔で涙を拭き取っていました。

　その後の教師のコメントで、私は子どもたちに次のような話をしました。

1　価値語　言葉で人間を育てる　043

今、Ａさんのスピーチを聞いて胸が熱くなりました。聞いている途中、４月頃のＡさんの姿を思い出しました。ここまで、本当に努力をして頑張っている姿を先生は見ていました。Ａさんは自分の力で１つ殻を破りましたね。すごいです。

　もう１つ驚いたことがあります。それは、あまり感情を表に出さないＡさんが涙を流したことです。みんなも驚いたでしょ。先生は、この涙を見て５年２組の成長を感じることができました。みんなの前で、涙を見せることができたのは、安心して心を開くことができる温かい雰囲気があるからです。みんなのことを信じていないと、怖くて涙なんて見せられませんよ。

　５年２組は、自己開示することができる温かい集団へと成長しているんですね。それをＡさんの涙から先生も教えてもらいました。もう一度、自己開示して自分の殻を破ったＡさんと、温かい集団へと成長し続けている自分たちに大きな拍手を送りましょう。

　教室に再び大きな拍手がこだましました。みんな誇らしげな表情を浮かべていました。

　その直後、ある男の子が「Ａさんの涙は、"美しい涙"やな」と言いました。学級に置いてある『価値語100ハンドブック』（中村堂）をいつも読んでいる男の子です。そこで、私は、黒板に「美しい涙が流せる学級へ」と書きました。続いて、先ほどのコメントの中でも出た、「心の扉を開く自己開示」や「温かい集団へ」という価値語をセットにして黒板の左端に書き残しておきました。この出来事は、その年の学級の成長の大きなターニングポイントになりました。

　その後、Ａさんはこれまで以上に積極的に話し合いに参加したり友達の輪も広がったりするなど、成長を加速させていきました。

　こうした個の変容の場面であっても、集団を意識した価値付けをすることが大切だと思います。そのためには、教師が「２学期は集団を伸ばすんだ」という見通しをもって指導することが必要なのではないでしょ

うか。2学期の個の変容は、集団が成長を加速するチャンスなのです。

## 非日常を「成長の場」に変える価値語指導

2学期は、どこの学校でも運動会や学習発表会など様々な学校行事が行われます。菊池氏は、こうした**"非日常"は、子どもたちがぐんと成長する貴重な場**」だと言います。この非日常の場を成長の場へと演出するためにまず大切なのは、行事への心構え指導です。この心構え指導で活躍するのが価値語です。冒頭で述べたように、価値語はめざすべき姿を具体的に示してくれます。教師は、非日常で成長させたい事柄やめざすべき理想の子ども像を明確にもって価値語を示すことが大切です。価値語は子どもたちにとっての目標であり、キャッチコピーになっていきます。さらに、非日常の心構え指導では、「見える化」することも大切です。

見える化する2つの手立てを紹介します。

### ①成長年表＋価値語で集団の目標設定を

成長年表には、非日常がある日付と内容を書き込み、その下にその行事に見合う「価値語」を入れていきます。それらを短冊に書き込み、非日常のたびに増やしていくのです。上の写真は、ある年に担任した3年生の成長年表です。

例えば、次のようなことが書かれています。

---
9／2　水泳検定　全力の応援
9／3　自由研究発表会　スピーチ力を鍛えよう
---

菊池道場兵庫支部の南山拓也先生は、価値語指導と成長年表の関連について「子どもたちの変容に、価値語指導も大きく影響しています。（中

1　価値語　言葉で人間を育てる　045

略）『成長年表』とセットになっている価値語が、子どもたちの『非日常』に対する変容を生み出していると考えています」と述べています。価値語が示されるからこそ、子どもたちも目標をもって行事や活動に取り組むことができるのではないでしょうか。2学期の行事では、集団の成長に向けた価値語をセットすることが大切だと考えています。

## ② 「白い黒板」で個の目標も大切にする

　成長年表によって、集団の成長を大切にすると述べましたが、私は個の目標も大切にしたいと考えています。学級は、多様な個の集まりです。当然、それぞれの成長レベルには差も生まれてきます。だからこそ、それぞれが自分に合った目標を見つけて努力してほしいと考えているのです。

　そこで、行事に取り組む前に「白い黒板」をすることがあります。それぞれが自分の目標を書き込むことによって、より個の目標に対する意欲を高め、本番を迎えられるようにするためです。この白い黒板でも、価値語が大切な役割を果たします。子どもたちの目標には、これまで教師が示してきた価値語があふれてきます。また、それぞれが書いた言葉が、価値語になる場合もあります。価値語が子どもたちにとって目標設定には欠かせないツールとなっているのです。個の目標は、行事が終わった後に成長ノートで振り返りをします。目標設定をしたら、振り返りをして次につないでいくことは大切だと考えます。非日常＋価値語は、成長を加速させる2学期の実践の大きなポイントの1つなのです。

### 価値語が生まれる教室へ

　2学期は、子どもたちが大きく成長する時期であり、価値語が大きく成長する時期でもあります。そして、これまでの実践の中で、価値語は35ページの図のように成長していくと感じています。毎年時期は多少の違いがありますが、大まかにはこのような成長のステップを踏んでいくのです。1学期から、子どもたちはたくさんの価値語のシャワーを浴びてきました。その量が増えるとともに、だんだんその価値語を日常の学

校生活の中で使うようになります。そして、価値語によって正しい行為やその価値を知った子どもたちは自分たちで価値ある言葉を生み出すようになります。3年生を担任した時、Aくんが、「努力のダイヤモンド」という価値語を生み出しました。努力すればするほど自己を磨き、やがてダイヤモンドのように輝くという意味です。この言葉は、その年の一番人気の価値語になりました。このように、自分たちで考えた価値語は、子どもたちの心の中に強く根付いていきます。

　少しずつ「言葉を大切にし、言葉で磨き合う学級」へと変容を遂げていくのです。

## 4 圧倒的な価値語量で、コミュニケーション力豊かな温かい学級へ

　いよいよ、2学期も終わり、学級閉じへのカウントダウンも始まってきます。価値語を得た子どもたちは、3学期さらに成長を加速させていくことでしょう。ここでは、価値語が生まれ、言葉を育て合うための土台となる指導を紹介します。

### 「言葉を育て人を育てる」価値語の原点

> ことばを育てることは
> こころを育てることである
> 人を育てることである
> 教育そのものである

　国語教育の大家、大村はま先生の言葉です。
　菊池氏は、言葉で人を育てることについて、次のように述べています。

> 「人を育てる」源になるのは、コミュニケーション力です。そして、

1　価値語　言葉で人間を育てる　047

> コミュニケーション力を支えるのが"言葉"の力です。一人ひとり
> が豊かな言葉を獲得し、自分を表現する。友達との学び合いを通し
> てさまざまな意見や考えを知り、相手を理解する。この積み重ねが
> 自信をもたらし、自分と同じように相手の存在も大切に思う信頼感
> を育み、温かい学級を生み出していくことを、私は実践を通して確
> 信しています。

　子どもたちは、価値語を獲得したことによって考え方や行動がプラス
に導かれ、自分を表現できるようになっていきます。それは、強制では
なく、自分をもっとよくしていきたいという自発的な成長です。価値語
を獲得することによって、それを「使ってみたい」、「こんな行為のでき
る人になりたい」という思いが出てくるのでしょう。

　作家のドリアン助川さんが、「言葉は実体験を求める」と言われていま
す。菊池氏がよく引用される言葉です。まさに、子どもたちは価値語を
獲得することで、自ら実体験を求めて成長していくのではないでしょう
か。それは、価値語指導をしていて、私自身実感するところでもありま
す。

### 価値語を増やす指導

○圧倒的な言葉の数（読書・辞書指導）

　価値語が生まれ、言葉を育て合う学級になるためには、言葉の量を圧
倒的に増やすことが大切です。そこで、普段の読書指導や辞書指導が重
要になります。「コミュニケーション力あふれる『菊池学級』のつくり
方」（中村堂）に、菊池氏の読書指導、辞書指導のねらいが次のように書
かれています。

> ・読書指導、辞書指導のねらいは、「価値ある言葉を増やすこと」
> ・価値ある言葉を実生活の行動とつなげるようにすることがさらに
> 　重要

このようなねらいをもち、年間を通じて価値語を増やしていくことが大切です。

　本や辞書は、常に机の上に置いています。授業中の僅かな時間にも、さっと本を読んだり、辞書引きができるようにしたりするためです。読書指導では、読書の時間を確保することはもちろんですが、本の中から価値ある言葉を探すといった活動も取り入れています。また、読書をしていて、意味が分からない言葉は辞書を引いて調べるようにしています。

　辞書指導では、授業中に出てきた語句を調べることはもちろんですが、朝の黒板メッセージや、価値語を伝える時などにも、辞書を引いています。特に、実生活の中で見られる子どもたちの行為を価値付ける時に、辞書引きをすることで言葉の意味や価値がぐっと浸透していきます。

> 　Aさんは、友達が発言しているときにサッと体を正対して見える聞き方ができています。実直なAさんの人柄があふれています。「実直」という言葉の意味を知っていますか？辞書で調べてみましょう。

　意味調べとあわせて、「Aさんの実直な姿から学ぶべきこと」といったテーマで成長ノートを書かせることもあります。価値語指導の際に辞書指導をセットにして行うことで価値語を全体へと広げていくのです。朝の黒板メッセージや、価値語を伝えるミニ授業でも辞書引きをしています。辞書引きを繰り返し行ううちに、スピードも上がり、意味を書き込むノートをつくる子も出てくるようになりました。

　左の写真は、価値語がびっしりと書かれた成長ノートです。ノートの持ち主の女の子は、学級の中では大人しく、あまり自分から前に出ることはありませんでした。しかし、普段から実直に辞書引きや読書をしていました。そして、学校生活の中で

1　価値語　言葉で人間を育てる　049

私が伝えた価値語をノートに書き込んでいました。日々の努力で圧倒的な価値語を得た彼女は、全校児童の前での発表に立候補するなど、自分から積極的に行動するようになりました。

○ 100個出す「知の汗をかく」学びをする

> 「知の汗をかく」

齋藤孝氏の著書の中に載っていた言葉です。学級の子どもたちにも人気のある価値語の一つです。菊池学級のような圧倒的なコミュニケーション力を支えているのは、圧倒的な価値語量はもちろんのこと、書くこと、話すことについても圧倒的な量を出す経験をしているからです。菊池氏は、よく「質より量を出せ」と言われます。こうした量を求める「知の汗をかく」学びをすることも大切になります。そこで、

> ・社会科の資料を見て気付いたこと、分かったことを100個出す
> ・1枚の写真で見付けたいいところを100個出す

といった活動を定期的に取り入れています。

知の汗をかく学びを体験した子どもたちは、様々な場面で、自ら100個出す強い学びをするようになります。

ある年の5年生は、「1学期の成長100」、「運動会で学んだこと100」、そして、「価値語100」などの学びをしています。その動きは、周りの友達をも巻き込みました。そして、2人の子が600を超える価値語をノートにびっしりと書き出しました。

価値語を600個出すために、これまで成長ノートに価値語を書き留めたり、学級文庫に置いている「価値語100ハンドブック」(中村堂)を見たりしていました。圧倒的な価値語量が、普段の学校生活にもプラスにはたらきます。たくさんの価値語を知った子どもたちは、次第に自分たちで新たな価値語を生み出すようになっていくのです。価値語の量が

増えるとともに、コミュニケーション力も高まり、学級には温かい人間関係が生まれていきます。

## 価値語が生まれ、言葉を育て合う

### ○価値語で表現する「ほめ言葉のシャワー」

　圧倒的な価値語量を獲得した子どもたちが、新たな価値語を生み出し、言葉を育て合うようになるには、価値語を使って表現する場が必要不可欠です。「ほめ言葉のシャワー」は、子どもたちが、インプットした価値語をアウトプットする重要な実践の一つです。

「ほめ言葉のシャワー」の初期段階では、

> 　Ａくんは、トイレのスリッパを揃えていました。すごいと思いました。

といった抽象的な言葉が多く出てきます。「何がすごいのか？」という価値付けが、うまくできないのです。価値語を得た子どもたちは、

> 　Ａくんはトイレのスリッパを、膝をつけて丁寧に揃えていました。揃える仕草にもＡくんの誠実さが表れていました。

と、これまでに得た言葉を使って表現するようになるのです。価値語によって、よい行為とはどんな行為か、なぜそれがよいのかという価値を知っている子どもたちは、友達を観察する視点も広がっていきます。「ほめ言葉のシャワー」もレベルアップしていきます。そして、2学期の中盤頃から、子どもたちが新たな価値語を生み出すようになります。

### ○「小さな拍手、優しい心」

　Ａくんは、自分の感情をなかなかコントロールできずにいた男の子です。4月当初は、相手を傷付けるような発言をしたり、友達と関わったりせずにいました。しかし、Ａくんは集団の成長に引っ張られるように、

1　価値語　言葉で人間を育てる　051

少しずつ落ち着いて、周りの友達と関われるようになってきました。

　3学期のある日、Aくんに「ほめ言葉のシャワー」の主人公が回ってきました。一人の女の子が、Aくんのことを次のようにほめました。

> 　1学期の頃、Aくんは5年2組のみんなと関わろうとせず、いつも不機嫌そうな顔をしていました。けれど、今のAくんは違います。友達がよいことをしたり、一生懸命発表したりした後、一人で小さな拍手をしています。Aくんの小さな拍手には、優しい心があふれていますね。

　価値語を得て、成長を続けてきた子どもたちは、一つの小さな行為から、Aくんの内面をしっかりと捉えていました。価値語を得て、心が豊かになったからこそ生まれた価値語でした。こうして、3学期になり、子どもたちは「ほめ言葉のシャワー」で、言葉を育て合うようになりました。

### 価値語を得て成長する子どもたち

　次の写真は、「3年生は、この1年間で何を学び、成長してきたのか」というテーマで書いた白い黒板です。黒板には、1年間で獲得してきたたくさんの価値語がびっしりと並んでいます。黒板にあふれた言葉を眺

めている子どもたちは自分たちの成長に自信をもっていました。確かな成長を実感したのでしょう。

　毎年、子どもたちは「価値語が自分を変えてくれた」「価値語が自分を応援してくれた」「価値語を知って、学級は大きく変わった」といった言葉を残します。そして、価値語のもつ力について、次のように言います。

・価値語が自分の目標みたいになる
・何がいいことなのかが具体的に分かる
・価値語を知ると「もっと成長したい」と思うようになる
・ポジティブな自分になれる
・自分らしさを発揮できる
・学級がプラスの空気に変わった

　価値語は、子どもたちにとって自発的な成長に導いてくれる言葉なのです。

### 言葉は身の丈

　その人からにじみ出る言葉が、その人の人格を表すという諺です。豊かな言葉を獲得した子どもたちは、心が豊かになり人として大きく成長していくと信じています。

### 「言葉で人を育てる」

　ある年の夏の個人懇談の時に、保険会社に勤めているお母さんが、価値語のことを朝礼で紹介したと教えてくれました。息子さんの大きな成長を見たお母さんが、「どうしてそんなに変わったのか？」と聞いたところ、「価値語をたくさん知ったから」と答えたそうです。その頃、若手社員の育成に悩んでいたお母さんは、価値語が社員の人材育成にも役立つのではないかと考えたそうです。そして、自分の朝礼スピーチが回って

1　価値語　言葉で人間を育てる　053

くるたびに、価値ある言葉を社員の皆さんに伝えられているそうです。お母さんは、価値語について、「人の心をやる気にさせる魔法の言葉ですね」と言ってくださいました。

　学校現場だけではなく、社会においても人を育てていく上で同じように大切なことなのだと学ばせていただきました。

「言葉で人を育てる」がキーワードの菊池実践において、価値語は、「ほめ言葉のシャワー」や「成長ノート」など、どの実践にも必要不可欠な存在です。価値語を得た子どもたちは、驚くような成長を遂げていきます。ぜひ、価値語指導に取り組んでみてほしいと願っています。

# 2 成長ノート 書くことを核として育てる

8つの視点

西村　昌平（菊池道場岡山支部）

## 1 「成長ノート」－教師との対話

> はじめに　～成長ノートの教育観～

> 「子どもが自分を語る」ということは宝だ

　教室で、いつも大切にしている思いです。本音・実感・ハートを込めて子ども同士が語り合う、話し合う中に、深い学び合いは生まれます。
　子どもが自分の考えや思いを発表する時、未熟な彼らは間違いもするし失敗もします。その時、即座に、勝負は決まります。大勢の前で勇気をもって自らを語ったことに敬意をもち、失敗感を与えないように教師のパフォーマンスや温かな関係性を駆使して心に寄り添いフォローをすることは、菊池省三氏の実践に色濃く見られます。そういう教室でこそ、子どもは自分を語る安心感をまずもてるのだということを、私は菊池氏から教わってきました。
　子どもが自分を語る手段、それは話すことだけではありません。「自分を『書く』ことも宝だ」と思いたいのです。
　一人に1冊、ノートを用意します。「成長ノート」と名づけられたこのノートには、成長したいと願う子ども一人ひとりの「物語」が綴られていきます。はじめ、子どもたちは、教師から与えられたテーマについて書く、日記に似た感覚をもつと思います。しかし、日記と違うのは、

> 自己の内面との向き合い方

2　成長ノート　書くことを核として育てる　055

だと思います。深さが違います。子どもが書いていることを教師が全力で読みとりコメントを返し、また子どもが書く。その往復は「教師との対話」となり、さらに深く考え続け、やがては「自分との対話」へと向かいます。成長ノートとは、自己の内面と向き合い、成長しようとする子どもを全力で育てるためのノートです。

以下に、菊池省三氏の言葉を引用します。

---

**今、教師に望むこと**
　私が、今、教師に望むことは、子どもたちの作文を「深読み」「深掘り」できる教師になってほしいということです。表現された言葉の奥にある子どもの心の声に耳が傾けられる教師であってほしいということです。そして、その声に寄り添うことができる教師であってほしいということです。

菊池省三・田中聖吾・中雄紀之『人間を育てる【菊池道場流】作文の指導』（中村堂）より

---

キーワードは、「深読み」「深掘り」「心の声に寄り添う」でしょうか。ころころと転がるからこころ（心）と言われるそうです。不可視でつかみどころのない心。様々なストレスの中、多感な時期を精一杯生きる子どもの心に、菊池道場は成長ノートで寄り添います。

### 年間の見通し

年間を通して、次ページの表のように見通しを立てます。テーマは無限にあります。今、目の前の子どもたちの成長にとって必要な、最優先のテーマをその時々に教師が与えていくことが大切です。

書ける量や内容には、大きな個人差があります。教師の与えるテーマによって、またその時々のその子の気持ちの浮き沈み等によっても異なります。未熟な子どもの書く文章ですから、言葉足らずや誤字脱字がたくさんあります。心に浮かぶことを言葉にし、文字に起こす作業を苦手とする児童は必ずクラスに数名はいるものです。

| | 1学期 | 2学期 | 3学期 |
|---|---|---|---|
| ☆教師の心がけ | ①書くことに安心感を与える。<br>②型や価値語を教える。<br>③質より量。スピードを求める。 | ①書き方に工夫をもたせる。<br>②読み合い、交流の場を増やす。<br>③価値語をくらべる。 | ①自分の言葉で自分を成長。<br>②価値語を多用させる。<br>③自問自答し考え続ける人に。 |
| （1）「行事」「節目」に関わるテーマ例 | ・1学期始業式<br>・今年の「なりたい自分」<br>・○月の成長（目標や振り返り）<br>・運動会／宿泊学習 | ・2学期始業式<br>・2学期の「なりたい自分」<br>・○月の成長（目標や振り返り）<br>・社会科見学／学校音楽祭 | ・3学期始業式<br>・3学期の「なりたい自分」<br>・○月の成長（目標や振り返り）<br>・学芸会／卒業式 |
| （2）「学級」「学習」に関わるテーマ例 | ・どんなクラスにしたいか<br>・他己紹介の感想<br>・教室にあふれさせたい言葉<br>・教室からなくしたい言葉 | ・協働学習をして<br>・自由対話の感想<br>・ディベートの感想<br>・研究授業を終えて | ・道徳の感想<br>・○○さんの行為の意味<br>・ほめ言葉のシャワーの感想<br>・会社活動／ミニ集会をして |
| （3）「価値語」「変容」に関わるテーマ例 | ・先生への質問<br>・○年生までの自分<br>・過去のことでやめるべき行為<br>・最近の自分の成長 | ・今の自分を色で例えると<br>・「価値ある無理」について<br>・なぜ手を挙げて発表することができないのか | ・「責任ある積極性」について<br>・1年の成長を漢字1文字で<br>・新○年生／新学期の自分へ<br>・行事での学びを価値語に |

① 価値語
② 成長ノート
③ ほめ言葉のシャワー
④ 話し合い活動
⑤ 学級ディベート
⑥ 道徳教育
⑦ 圧倒的な学習量
⑧ 主体的・対話的で深い学び

そのような子たちには、「今は書けない」「今日は書けない」とまず現状を受け止め認めることが、安心を生むと思います。教師がすることは、まず喜ぶことです。事実は変わりませんが、受け取り方はいくらでも変えられます。私はまだまだですが、菊池道場の多くの先生方は、「3行しか書かない…。テーマしか書かない…」といったネガティブな受け取り方をされません。彼らは、「テーマが書けた。続きは私が赤で書く」くらいのスーパーポジティブな捉え方で、どんどん温かな赤をノートに入れられていきます。先の変容を疑わず、教師の信じる価値観をぶつけ続けるのです。

そこに書かれたことは、全てが真実だと捉えます。上辺のきれいごと、一瞬の思いなのかもしれませんが、その一瞬は本物です。

また、成長ノートは、子どもの「伸びたい、変わりたい、成長したい」という思いのこもった言葉に、ほめて認めて励ます赤を入れる教師との、対話の場でもあります。その意味で、30人学級においては、単なる「教師1対児童30」ではなく、「教師1対児童1」を30つくることのできる強力なツールです。特に思春期で多感な時期に入る高学年において、一人ひとりと対話し心でつながっていることは、学級を経営する教師自身の安心感にもつながると実感しています。

## 成長ノートを始めよう

---

**人間を育てる「菊池道場流　作文の指導」ポイント12**

1. 一人に1冊ノートを準備する
2. 教師がテーマを与える
3. 「質より量」をめざす
4. 「三つあります作文」を基本とする
5. 書くスピードを意識させる
6. 教師の赤ペンはほめるために入れる
7. 誤字脱字などの指導には重きをおきすぎない

8. 子ども同士の評価を大切にする
9. 型→自由→型→自由→…で伸ばす
10. 価値語の使用を奨励する
11. 表現のうまさよりも、その子らしさを重視する
12. 年間を通して取り組む

<small>菊池省三・田中聖吾・中雄紀之『人間を育てる【菊池道場流】作文の指導』（中村堂）より</small>

★テーマに合う写真や詩、歌、話、動画などを用意しておくと、意欲付けに有効です。

(1) 趣意説明

　4月。リセットの時です。新学期初日の教室をイメージしてください。成長ノートを一人に1冊渡します。私なら次のように趣意を話します。
「このノートの名前は、『成長ノート』です。あなたの人間としての心の成長を書くノートだから、『成長ノート』です。あなたを小学生としても、人間としても成長させてくれます。本気で書いてください。私も本気で読みますから。素直に、正直に、本気で書いてくれたらいいですからね」

　ノートの表紙には、右のように価値語を書いていくことを奨励します。

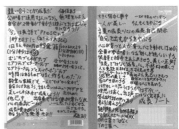

(2) テーマについて

　5年生なら最初のテーマを、「4年生までの自分」とします。メタ認知の難しい低学年なら「せんせい、あのね」「せんせいにききたいこと」などでもいいと思います。要はその子とつながりたいのです。その子の内面、今思ったり考えたりしていること、心の景色を知りたいと思います。過去のライフヒストリーを引き出し、それらを受け止め理解しようと寄り添います。過去にいじめを受けて傷ついていたり、友達ができなくて不安がっていたりする児童も中にはいます。

## (3) 書く

> **4／○　4年生までの自分**
>
> 　ぼくは、4年生のとき、…
> 　今は、…
> 　先生、…

　実際に書きます。縦書き、横書き、ノートの種類も、実践者によって様々ですが、私は5mm方眼ノートを横書きで使用しています。ノートが比較的手に入りやすく、横書きが見開きで読みやすく、コメントを書きやすいと思ったからです。

　欄外のいちばん上の部分に、タイトルを書かせます。これは、同じ岡山支部の大森加奈子先生のアイディアをいただいています。

　書く時間を区切るのがポイントだと思います。5～10分程度です。
「限られた時間の中で、力を発揮するのです」
「鉛筆の先から煙が出るぐらい速く書きましょう」
「みっちりと書きましょう」
「書く＝考える。書いた量が、考えた量です」
「理由の中に、自分らしさがあるのですよね」
「めちゃくちゃ考えてるなあ」
「そんなことがあったんだ」

　教師の声かけが「肥えかけ」になるように、追い込みながら意欲を沸かせます。教師の理解や共感の姿勢は欠かせないと思います。

## (4) コメントをする

　教師の赤ペンは、子どもをほめて認めて励ますために入れるものだと、私は菊池氏から教わりました。素直さや正直さといった子ども本来のもつ心が言葉に出るように、子どもたちの「自己開示」を促します。

　これは、ある5年生の女の子が12月に書いた成長ノートです。この中には、教師や自分との対話、マイナス行動に対する反省と自己開示、

これから行動を改めるという自己決定があります。子どもの書いてきたことを受け止め、分析し、書いた事実を引用しながらコメントしていきます。

個人的には、朝のコメントがお勧めです。私は朝型で4時に起きるのですが、朝は前日の疲れが取れて頭がクリアです。そこに子どもたちの美しい言葉が入ってくると、心が洗われる思いがします。1日のスタートに、子どもとの対話の場をもてる気がして、子どもたちとの心のつながりを密かに喜んでいます。

### ～成長＝変わるということ～

菊池氏と、菊池氏のお師匠さんとのやりとりの中で、「物語文では何を教えるのか」という問答のあったお話が、深く心に残っています。師の師のお話に、思わず胸が熱くなりました。以下のような内容でした。

> 物語文で教えることが分かっているのか。物語文が語りかけていること、それは「人間は変われる。誰しもその可能性はある」ということだ。

「成長ノート」と名づけられたこのノートには、成長したいと願う子ども一人ひとりの「物語」が綴られていきます。主人公は自分です。小学校の物語文では、必ずと言っていいほど中心人物の変容があり、そこには変容のきっかけとなる対人物の存在や大きな出来事があります。

成長ノートは、先の読めない物語です。でも、人生はみんなハッピーエンドの物語だとしたら、自分が担任を終えたその先の、その子の人間としての成長を願い、今日書いたことをほめて認めて励まし続けるのが、赤ペンを持つ私たち教師の役割ではないでしょうか。「成長する」ということは「変わること」だと子どもたちに話しています。人間は変われる。

誰しもその可能性があるのだということを信じて、赤を入れ続けます。

　菊池氏が実感されている通りです。成長ノートには、子どもを変える力があると確信しています。深い学びにもつながっていくと信じ、これからも学び続け実践します。

# 2 心を育てる「成長ノート」

## 「子どもが自分を語る」ということは宝だ

　1で述べましたように、子どもが自分の内面を語ること、自分の思いを素直に書けることは、それだけで宝だと思います。宝を掘り起こす。子どもたちが書いてきた言葉の意味とか思いとかを深読みします。何とか深掘りして、その子らしさを引き出し、喜び、共有して、広げていきたいと思います。その上で教師の赤（朱書き）は、大きな役割を果たします。自分の内面を掘り下げさせて、自己について語る安心感をまずはもたせます。

　子どもが真剣に書いた内容に教師がどうリアクションし、コメントするかによって、子どもの反応や書く力の伸びは異なります。教師の影響力の大きさを、驕りではなく責任として常に自覚していたいです。「年間の見通し」にあるように、与えるテーマや内容にある程度の見通しをもって、1年間取り組むようにしています。菊池学級では、日常に当たり前のようにあふれていた「成長」というキーワード。成長するということを具体的行為レベルに落とし込むために、**「言葉でものを在らしめる」**。価値語で価値を教え、成長ノートで成長を自覚させることが有効です。2017年度春の3つの実践を紹介します。

### 実践1 「5年生までの自分」―リセット

　2017年度に担任した小学校6年生、A君の書いた成長ノートです。

冒頭には、

> 今までずーとなまけていたからここで心をうごかしたい！

と書かれていました。「ここで」とあります。6年生になった今、ここで変わりたいと強く願っていることが伺えます。

> 先生へ　いままでのなまけることをしてきたぼくは、どうすればいいかわからないからみちびいてほしいです。

この思いに添い、何としても彼を伸ばしてあげたい、自信をもたせてあげたいと強く思いました。私は、左のようにコメントをしました。

家庭訪問で、お母さんの思いを伺いました。本人以上に、お母さんも悩まれている様子でした。何とか力になりたいと思いました。

> 今のとこまた（だ）だめです。これから先生い（に）きつくしてもらい多くのことをまなびたいとおもっています。

この思いに応えるべく、漢字のミニテストで数回のやり直しをしました。やればできるということを、100点をとる事実で証明したかったからです。結果…。

4回目での満点に、満面の笑みがこぼれました。彼の笑顔に、こちらがまた元気をもらいました。

「今まであなたは、できなかったんじゃないんだよ。やらなかっただけだ。量の問題。すぐ慣れるから、これからもたくさんやっていきましょ

2　成長ノート　書くことを核として育てる　063

う。自分のためにね」

　また笑顔で、彼はうなずきました。

　以上が、この年の最初の成長ノートでした。成長ノートを始める時、私は子どもたちに

「自分の内面を素直に、正直に書いてほしい。不安も心配もストレスも、意欲も願いも成長も。先生も、真剣にコメントをするから」

　という内容の話をしました。

　成長ノートには、成長したいと願う子ども一人ひとりの「物語」が綴られていきます。自己の内面と向き合い、自分との対話・教師との対話を通して、彼の心も育っていってくれたらと願います。

### 実践2 「初めての参観日を終えて」―挑む

　この日は、土曜参観でした。緊張を伴う非日常は、成長のチャンスにあふれています。

---

**対話型授業「カレーライス」主な活動**

① 事前に用意した紙に、自分の意見を書いて貼っておく。

② カレーライス、スパイスが象徴するものとその理由について順番に発表する。メモをとりながら発表を聴く。

③ 自由に立ち歩いて対話したい人のところに行き、質問・感想・ほめ言葉などで考えを交流する。友達の思いを聴き、ノートにメモをとる。

④ 対話を通して、特に心に残った友達の考えについて、ノートに書いて整理する。

⑤ ④を自由起立発表で紹介する。

⑥ 担任の話を聴く。

⑦ 自分の中の変化（深まりや広がり）について、ノートに振り返りを書く。

次の写真は、授業後にBさんが書いた成長ノートです。
　5年生の時と違った「考える方法」とは、「絶対解」ではない「納得解」を、人との対話を通して自分の中で深め導くという進め方のことなのかもしれません。参観授業での「安心と自信」は嬉しい言葉でした。
　みんなと一緒に学び合う空気や、深い学びに挑む姿勢を見せたい、そ

んな思いで、私自身も挑んだ初参観日でした。スパイスの効いた、味わいある1日になりました。

### 実践3 「社会科見学」―認め合う

　この日は、A～Fの6班に分かれて、寺や古墳のある地域を見学しました。オリエンテーリングを通して学びを深めると共に、班での役割の責任を果たし、協力して絆を深め合うこともねらっていました。

　前日、班のリーダーは黒板に、それぞれの班の1日の目標を書いて帰りました。当日の朝それを見ながら、ワークシート「ほめ言葉のメッセージ」を配布し、子どもたちに話をしました。
「学校に戻って、班の友達へのほめ言葉を書いてもらいます。みっちり書けるように、班の友達の頑張りをしっかり見てきてくださいね」
　元気な返事に、1日の成長への期待と安心を感じていました。

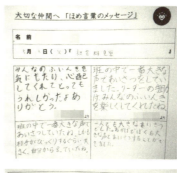

学校に戻ってすぐ、同じ班で席に着かせました。下校時刻が迫っていましたが、この機を逃すと5連休。協力することで見えた互いのよさを忘れてしまうともったいないです。輪になって座り、1分間で書いたら

隣の人にメッセージを回します。右の写真はそうして書いたものです。

1周して自分の元にもどった時、子どもたちは柔らかな表情でそれを読んでいました。今年度の成長ノートでは、訳あって一人1冊のノート配布が難しく、B5のファイルで取り組んでいます。

「先生が整理しやすくなるのを手伝ってください」と配布したこのファイルには、いくつかよさがあります。

・安価である。(108円で3つ買える) ・ノートよりも持ち運びが楽。
・コピーやワークシートなど多用できる。

ノートがなくても大丈夫です。成長ノートは、今からでも、いつからでも始められます。「ほめ言葉のメッセージ」も、子どもたちの成長ノートに綴じられました。

自信がついたとき、人は成長する

菊池氏の言葉をいつも胸に刻んでおきたいです。1学期の終わりに向けて、成長ノートで成長を静かに振り返りたいと思います。

## 3 「連関」せよ〜真の学び合う集団を育てるために

2学期に意識したいことは、『連関』です。

| 1学期　教師の心がけ | | 2学期　教師の心がけ |
|---|---|---|
| ①書くことに安心感を与える。<br>②型や価値語を教える。<br>③質より量。スピードを求める。 | ⇒ | ①書き方に工夫をもたせる。<br>②読み合い、交流の場を増やす。<br>③価値語をつくらせる。 |

『連関』とは　多くの経験内容が一定の関係に従って結合し一つの全体を構成すること。（広辞苑より）

1学期に築いた関係性を土台に、2学期は成長ノートで子ども同士をつなげること、成長ノートと学習内容をつなげることを意識します。連関させることで、関係性と学びの両方を深いものにし、個の確立と学び合う集団づくりをねらいます。

## 子ども同士をつなげる実践

菊池氏の2つの言葉から
・教師は、子どもの言葉の心の声に、寄り添える人間にならなければいけないと強く思っています。
・子どもの生活に学び、人間として育てる。

菊池省三・田中誠吾・中雄紀之『人間を育てる【菊池道場流】作文の指導』（中村堂）より

このような菊池氏の教育観に立った時、学びは一気に広く、深いものになると考えます。子どもの素直で率直な言動を「深読み」「深掘り」し、学級の全員でその価値を共有したいと強く思います。

成長ノートの内容を共有したり、成長ノートで価値を深掘りし合ったりして、子ども同士をつなげる方法は様々です。
・となりの席の人とペアで読み合う。
・子ども同士でお互いにコメントを書き合う。

・自由に立ち歩いて、コメントを書き合う。
・教師が一人の成長ノートを読み上げ、それを聞いての感想をタイトルとして書く。（例：「○○さんの成長ノートを読んで」）
・特定の友達の行為を教師が取り上げ、そのことをタイトルとして深掘りして書く。（例：「○○さんの行為は何の象徴か」）

などがあると思います。子ども同士の心をつなぐ実践について、2つ紹介します。

### （1） A君の涙は、何の象徴か

朝の「成長のスピーチ」の時間に、A君は、「運動会で得たもの」を次のように話しました。

> **A君のスピーチ「運動会で得たもの」**
> 運動会で得たものは、成長の実感です。ぼくは本番のときに2人技を失敗しました。その時に、ペアのB君が「大丈夫だよ」とずっと励ましてくれていました。失敗はしたけど、成長を実感することができました。

これを受けて、数人が感想やほめ言葉を言うのが毎朝の日課です。2人技を一緒にしたB君が自由起立で立って、話しました。

**B君の、A君へのほめ言葉**

> A君はいつもぼくをものすごく大事に思ってくれていて、ぼくには、なぐさめてあげることしかできませんでした。成長を実感したと言えるA君がすごいと思いました。

この時、ほめ言葉を聞いていたA君は、思わず「美しい涙」を流していました。とても温かい空気が、朝の教室に流れました。

翌日全員で、このシーンの写真を見ながら次のテーマで成長ノートを書きました。

068

## A君の涙は、何の象徴か

・温かいほめ言葉をもらった感動
・6年7組がとても温かいから
・クラスの優しい雰囲気
・A君とクラスのみんなの成長
・B君と成長を実感したうれしい涙
・みんなの「泣いてもいいよ」という正対
・ほめ言葉1つ1つに思いがこめられている
・全員が優しさ、勇気を与えられる存在
・心がきれいだということ
・安心の象徴　　　　　…など

　成長ノートは、一人の行為の裏にあるものを深掘りします。スピーチやほめ言葉との連関も効果的です。

## (2)「ハイタッチあいさつ」で

　私の学校では、児童会を中心に毎朝のあいさつ運動をハイタッチで行う「ハイタッチあいさつ」(金大竜先生発案)を行っています。

　12月。去年の5年生です。寒い冬の朝でした。この日の成長ノートに、ハイタッチあいさつで感じたことを書いていた女の子がいました。

### Cさんの成長ノートより

…今日私は手ぶくろをして来ました。でもハイタッチあいさつをしている時にはとても明るくしました。手ぶくろをはずしてやっていたのに手ぶくろをしている右手と同じあたたかさでした。だからあいさつは、手も心もあたためてくれると思いました。私は奉仕をしているのにみんなからしてもらっているなと思いました。これからもあいさつを欠かさずしたいと思いました。

　内容に感動し、この子を含め5名の成長ノートを学級みんなの前で読みました。Cさんの内容に触れて、私は次のように話しました。

### 西村が話したこと

　あいさつ運動をして、奉仕していると思っていたら、実は自分が
みんなから奉仕されていることにＣさんは気づいたのですね。とっ
ても感動したし、先生が勉強になりました。Ｃさん、ありがとうご
ざいました。

　私がＣさんたちに成長ノートを返すとき、クラスのみんなから大きな
拍手が起こりました。その後すぐ、次のテーマで書きました。

### ５人の成長ノートと歌を聴いて

　歌は、この頃よくギターで歌っていた、子どもたちへの応援ソングで
す。この日は、レミオロメンの「もっと遠くへ」でした。Ｄさんの成長
ノートです。

### Ｄさんの成長ノートより

　私は、Ｃさんのように手ぶくろを片方とってハイタッチあいさつ
をしてみました。Ｃさんの言う通り手があたたかくなりました。
win-win だと思いました。「もっと遠くへ」行くために、いつでも
全力でがんばろうと思いました。

　子どもの心は柔軟です。何からでも学びます。中でも、子ども同士で
学ぶことが大きいように思います。関係性を温かくしておかなければい
けない理由はここにもあります。人の行為・言動を深読み・深掘りする
中に、深い学びがあります。自己開示をした価値を共有させ、次の自己
決定を促す中に、心と行動の成長があります。連関の力を感じました。

### 学習と連関した成長ノートの実践

　６年生の１学期、ディベートを本格導入して学びました。立論の理由

づけとして、多くの子どもたちが課外で証拠資料を集めたり、インタビューをしたりしていました。

白熱した試合後、負けたチームの女の子、Eさんは涙を流していました。その涙の理由を、Eさんは成長ノートに書きました。第１回ディベートの感想が、この日の成長ノートのテーマです。

> **Eさんの成長ノート「ディベートの感想」**
> …私はこのディベートで白熱しすぎて泣いてしまいました。でもこれは、くやしさとやりきったなみだと、反則をしても最後で肯定側に手をあげてくれた人がいたうれしさのなみだでした。…

授業での学びを、成長ノートにおける「修養」と連関させます。「今日の授業ではどのような思考をしたか、それにどんな価値があったか」ということまで踏み込み、その場でフィードバックしなければ、深い学びは得られないと思います。成長ノートには「成長」という〝人間としての修養〞のねらいがあるので、普通の国語ノートやワークシートでの振り返りよりも、自己内対話が深いものになると考えます。

F君・Gさんの成長ノートより

授業レベルの「研究」と、成長ノートでの「修養」を連関させ、個と集団の確立へつなげたいと思います。その上で、「書くこと」という行為は、人間としての育ちの核になると確信しています。

# 4 信じて、子どもの「内側」に寄り添う

### 原点回帰

　いよいよ3学期です。年間の実践を束ねると同時に、「菊池実践」の原点に立ち返って考えたいと思います。

　菊池氏は、「書くこと」について次のように書かれています。

> 「書くことは、考えること」という考え方に立ち、日常的に書くことで子どもたちを育てていました。このように考えると、菊池実践の核は、「書く」ことであるともいえます。『白熱する教室　第10号』(中村堂)

　私は、身が引き締まる思いで読ませていただきました。「書く」ことは紛れもなく、菊池実践の核を成すものです。菊池氏の思いに「原点回帰」することで、この章の結びとさせていただきます。

　菊池氏のあるセミナーDVDに、次のような言葉がありました。

> 　(子どもが)自分の「内側」を書けるような、それを「深読み」「深掘り」して寄り添えるような、そういう作文指導ができる教師でありたいなというふうに思っておりました。
>
> 明日の教室DVD⑥菊池省三「進化し続ける『菊池学級』の事実」(カヤ)

　3学期は、学年の修了や、6年生の卒業に向けての時期です。実践の根本・本質・原点を問い直し、最後まで粘り強く個と向き合いたいです。

　菊池氏の言葉から得られる『成長ノート』の原点たるポイントは、以下の3つです。

> **成長ノート③原点**
> ① 子どもが自分の「内側」を書く。

②　教師は「深読み」「深掘り」をする。
③　教師は「成長」を信じて寄り添う。

### テーマ「かがやき発表会　〜役決め〜」

　これは、教師が与えたテーマではなく、この女子児童が自分でテーマを決め、自主的に書いた『成長ノート』です。学芸会の役を決めるオーディションに挑みましたが、あえなく落選。それが分かって、涙を流し終えて書いたものです。

・くやしかったけどがんばります。
・私が主人公の人を輝かせたい。

　このような内容が書いてありました。オーディションに落ちたことを「成長の機会」と捉え、自分から『成長ノート』に向かいました。前向きな心に、まず感心しました。

　ノートの終わりには、次のような図解で、（みんなを支えたい。全員でいい劇をつくりたい）という彼女の思いが示してありました。自分らしい表現の仕方も、みんなの前でほめました。

　ノートの右端、終わりに「人に役になりたい！」と書いてあります。「人の役に立ちたい」という意味だと思います。落選が分かったとき、彼女はとても落ち込んでいました。それでも心の向きを変え、支える側になって、みんなに貢献しようとしている姿勢を大きくほめました。

　「成長ノート」は、自分の気持ちや考えを書き続けていくノートで

2　成長ノート　書くことを核として育てる　073

> す。いつ書かせるかといえば、子どもたちの気持ちが大きく動いたときや、ごちゃごちゃして考えがまとまりそうにないときと言えます。『コミュニケーション力あふれる「菊池学級」のつくり方』(中村堂)

　上記のように、『成長ノート』が自分の心を落ち着かせ、気持ちをポジティブな方向に向けてくれる場となっているのだと感じました。小学校を卒業しても、自分だけの『成長ノート』を、自分の成長のために使い続けてほしいと思います。

### 普段から学級のキーワードは「成長」

「菊池学級」を手本に、私のクラスでも、「成長」をキーワードに生活してきました。2学期は、安心感のある人間関係ができつつあり、日常の授業や非日常の行事で多くの成長が見込めます。

ノートを思考の作戦基地として使い、画用紙や教材提示装置で「視える化」を図ることで、思考力や話す力、コミュニケーション力は確実に向上します。写真は、朝の会での「成長のスピーチ」に使ったものです。書いたものには、その子らしさがあふれます。

### テーマ「2学期のうちに必ず成長すること」

　2学期の中盤。少し気持ちの「中だるみ」を感じた時期でした。6年生の生活の半分が終わり、残り半年もしたら卒業です。受験や転校で、離れ離れになる友達もいます。(今を大切にしてほしい。もう一度、成長に目を向けてほしい)という思いから、「2学期のうちに必ず成長すること」のテーマで、全員が書きました。

成長とは、自分が変わること

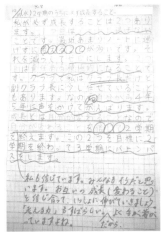

「成長とは何なのか」が書かれています。

> 自分が変わることを信じて2学期を終えます。

教師が子どもを信じると、子どもも自分を信じるようになります。価値語を使いながら、自分と真剣に向き合っていることが分かりました。

・教師の赤は、ほめて、認めて、励ますために入れる。

・ほめる前に、信じること。信じることは、関係ができていなくてもできる。

菊池氏の言葉を胸に刻みたいと思います。

テーマ「3月20日の自分へ」

3月20日は、6年生の卒業の日です。この日の成長ノートのテーマは、「卒業式の日の自分にあてたメッセージ」でした。今真剣に、受験勉強を頑張る彼女が、小学校を卒業する自分に一番に問いかけたことは、「心の美しい人になっていますか?」でした。こういうことを問えること自体に、心の美しさを感じます。続く問いは、「自信と勇気あふれる人になっていますか?」「価値をもった人間になっていますか?」「勉強が進んでいますか?」「たくさ

んの成長をしていますか？」　です。

　私が６年生だったら、とてもかないません。本当に、子どもに学びます。だから、成長ノートで一番成長ができるのは、読んでいる教師の方なのかもしれません。

### 終わりに

　年間を通した実践の中で、成長ノートには

> ## 教師と子どもを１対１でつなぐ力

が非常に大きいと実感しています。

　私は過去に、６年生女子とぶつかり続ける日々がありました。原因は、私が彼女らの「内側」を知ろうとせず、目先のことを浅くとらえて厳しく指導したり、辛い思いや成長への意志に寄り添えなかったりしたことでした。（今年度は、そうならないように…）と考えてはいたものの、やはり心の距離を感じることは幾度かありました。

　そんな時、『成長ノート』は「対話の場」として、何度も私を助けてくれました。

・マイナスな行動やマイナス思考を、きちんと叱りたいとき。

・みんなの前では言いにくいが、しっかりほめて認めたいとき。

・小さな変化を、大きく価値付けたいとき。

　そういった時に、何度も救われてきました。書くことはお互いの心の架け橋となりました。

　教師と子どもがつながる。子ども同士がつながる。温かい関係性を土台にした教室において、主体的・対話的で深い学びは展開され、加速されていきます。成長ノートには「書くことを核として全ての子どもを育てる」という教師の覚悟と情熱が宿るのです。

# ほめ言葉のシャワー
## 個の確立した集団を育てる

**8つの視点 ③**

大西　一豊（菊池道場大分支部）

## 1 ほめる教師がいると、明日の学校は待ち遠しくなる

### 「ほめ言葉のシャワー」は日本中へ

> 自信が、人を伸ばす

　上の言葉は、2012年『プロフェッショナル仕事の流儀』で「ほめ言葉のシャワー」の映像前に出てきたテロップです。現在、「ほめ言葉のシャワー」は、日本中へと確実に広がっています。**菊池実践に欠かすことができない「ほめ言葉のシャワー」。**

### 「一人ひとりを全員でほめ合う」可能性

　あなたは、どんな子どもを育てたいですか？ どんな教室をつくりたいですか？　次の言葉は、1年間、学級全員でほめ合う経験をしてきた子どもの作文です。

> 「ほめ言葉のシャワー」は、みんなの心と心をつなぐ"心の架け橋"となりました。私の一生が楽しくなりそうです。

　学級に「成長していこう！」と積極的にはたらきかけ、最後の最後まで成長志向で努力を続けてきた女の子の作文です。
　**「ほめ言葉のシャワー」とは、一人ひとりのよいところを見つけ合い全員でほめ合う活動**です。1日の主役の子どもが教壇に上がり、残りのク

3　ほめ言葉のシャワー　個の確立した集団を育てる　077

ラスの友達全員から、「ほめ言葉」を「シャワー」のように浴びます。

　クラスみんなの目が、その日の主役の子どもに注がれます。原則として、**「世界中で私だけが見つけた○○さんの今日のよいところ」**を合言葉としています。「全員で」ほめ合うことは、「ほめ言葉のシャワー」の特徴であり、大きな意味があります。

　似たもので「いいところ見つけ」のように希望者で伝える活動がありますが、積極的な子ども、仲がいい子ども、同性の子どもなど、限られた関係で伝え合う傾向があります。

　「全員で」ほめ合う前提があるからこそ、よく観察したり、考えたり、意外性に驚いたりするのです。

　以下、具体的な手順（アレンジ）です。

---

①主役の日に飾る「私の日ポスター」を各自1枚描く
②その日のポスターの主役が教壇に上がる
③残りの子どもが主役のよいところを発表する
④発表は自由起立発表で「シャワー」のように行う
⑤教師は子どもたちの後に発表する
⑥全員の発表が終わったら、主役がお礼のスピーチをする
⑦最後に教師がコメントを述べる
⑧主役が帰りの挨拶をする

---

　終わった後は、自然と拍手が起こります。教室の雰囲気は柔らかくなり、自然と笑顔がこぼれてきます。

　主に、次のような子どもを育て、学級をつくることができます。
①よさを見つける観察力、それを温かい言葉で伝える表現力が身につく。
②互いをほめ合うことで子ども同士の関係が強くなり、教室が自信と安心の場所になる。
③自分たちの「望ましい在り方」をクラス全体でつくっていくことになり、絶えず「成長」を意識した学級文化が育つ。

## 単発即効主義に成功なし

【年間を見通した「ほめ言葉のシャワー」の全体像】を作成しました（次ページ参照）。1年間を4つの期間で分類し、最低限必要な11のポイントでゴールまで示しています。「ほめ言葉のシャワー」は低、中、高、中学、高校、大学、大人社会でも通用するものです。境界線なく、活用できます。

様々な実践に共通することですが、手法的に取り入れた形だけの指導では、効果は期待できません。また、子どもたちの成長への思いに対して失礼に感じます。年間を見通すことで、糸を紡ぐように丁寧な実践のつながりを意識しましょう。「見据える教師の目」と「焦らず、急がず」が成功の鍵なのです。

### ひんやり → ほんわか

年度初めは、新しいことがたくさん。子どもたちは、期待と不安を胸に緊張した面持ちでいます。

この時期、子ども同士の関係性はほとんどなく、氷のようにひんやりしています。運動会や遠足などの行事だけでなんとかしようとする方もいますが、それだけで十分でしょうか。私は、日常での学校生活における教師の捉えの甘さが子どもたちの関係性を壊していくと考えています。気の合う仲間と群れ始めたり、よく知らない友達が3月までいたり…。クラス替えのない単学級の規模の学校も同様です。実際に「凝り固まった関係性のまま1年が終わる」と話を聞きます。氷の関係なのです。

知識注入型の授業や凸凹を排除する統一的経営観のような指導では、子どもたちの内面は何も変わらないということです。最悪の場合、いじめ、不登校、学級崩壊などに転じます。心が荒んでいくのでしょう。

その打開策の一つが「ほめる」です。

「家や学校でほめられることがありますか？」と年度初めに質問すると、手を挙げたのは34人中3人。「ほめられたことがない」は半数ほど。続

# 「ほめ言葉のシャワー」～年間を見通した全体像～ 大西一豊 （キーワード）

★「ほめ言葉のシャワー」とは、一人一人を全員でほめ合う活動　★学級の土台を作る活動　★学級の土台となる
★「ほめ言葉のシャワー」だけというような一元的なものではない　★教師の覚悟で全ては変わる　★教師のみる目が肝となる
※様々な実践や教師の「観」などと複合的に絡まり合っている

| | ①4月、5月、6月 | ②7月、8月、9月 | ③10月、11月、12月 | ④1月、2月、3月 | ★ゴール★ |
|---|---|---|---|---|---|
| ほめる | 教師がほめる | ほめ合う経験 | 集団でほめ合う | 個でほめ合う | 公 |
| 視点 | プラス・長所接近 | 心の温度を上げる | 学級集団 | らしさ | SAのその先へ成長 |
| 子どもの姿 | 知り合う | 発見し合う | 相手が好きになる | 自分が好きになる | 人格の形成 |
| 心理面の変化 | やる気↑↑よい行動↑↑ | 安心感↑↑自主性↑↑ | 相手軸↑↑笑顔↑↑ | 自己開示↑↑自己肯定感↑↑ | 幸せ |
| 言葉（価値語） | 増える | 使う | 生み出す | 日常化 | パートナー |
| 言葉（学習） | ゲーム性を持たせた指導 | 学習指導要領との関連性 | 学年に合わせて語彙指導 | 学年を超えた語彙指導 | 豊かな語彙力 |
| 形式、 | 全体の前　列や班など | 左右に立ち位置を変える　自由規律発表 | 発表者に近づく　手紙などとセットに | スキンシップ（握手、ハイタッチ、ハグなど） | 学級文化 |
| 授業 | 規律と小型 | 速く、柔らかい | 動きの自由規模拡大 | 学校外での学び | アクティブ・ラーナー |
| 日常指導（話す） | 自由規律発表（テンポ、リズム）3つあります（型） | 姿勢、目線など（見た目）「出す声」など（声） | 身振り手振り、表情など（相手意識からの伝達情報の追加） | 語りかけ、声色など（表現）笑顔、応答関係など | コミュニケーション力 |
| 日常指導（聞く） | 見える聞き方の定着　正対 | 頷く、相槌、引用 | 質問するつもりで　称賛するつもりで | 「聞く」から「聴く」へ | 考え続ける思考 |
| 日常指導（書く） | 箇条書き（質より量）事実と意見の区別（観察力） | 具体的な描写（会話文、数、5W1H） | 「事実＋意見＋α（お礼、励まし、お願い、労い）」の誓い | 個性的な表現を目標に向かわせる | 宝物 |

糸を紡ぐような丁寧な実践の繋がりの中で、発展していく

いて、「ほめられることは好きですか？」には、34人が一斉に手を挙げました。子どもたちは、「ほめられたい」と思っています。そして、「ほめられる」ことが好きなのです。

互いをほめ合う関係性ができてくると、教室は笑顔であふれ、ほんわかとした温かい空気に包まれていきます。毎日がワクワク楽しみになる場所へと変化していくのです。

### ほめるスタートは、教師ですよ！

「ほめ言葉のシャワー」をするために最重要なのは、「**教師がほめる**」ことです。導入期だけではなく、1年間を通じてです。つまり、教師はほめ続けるのです。

右の図は、菊池先生が示している「ほめ合うサイクル」ですが、実際に起こります。

スタートは、「教師がほめる」。「ほめられたことがない」子どもたちに「ほめられた」という体験をさせます。はにかんだり驚いたり、素敵な表情を見せてくれます。

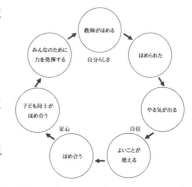

また、「ほめる視点」を伝えていきます。「何を」ほめ、「どのような言葉で」ほめ、「なぜ」ほめるのか。子どもたちは、少しずつ視点が分かってきます。同時に心地よさや価値も気づいてきます。

特に、年度初めの出会いの時期は、丁寧に、かつ、「シャワー」のように「ほめ言葉」をプレゼントしましょう。子どもたちだけでほめ合わせておけばいいだろうではありません。子どもたちは、教師をよく見ています。まずは、教師が率先垂範するのです。

体験を積んでいけば、子どもたちは自分らしさを発揮した言葉と視点を考え始めます。

教師の「覚悟」と「みる目」で全ては変わるのです。

### 「教師がほめる」実践

　この時期の実践例を3つ紹介します。

　1つ目は、「**プラチナの出会い**」です。これは、1学期始業式の出会いの日のことです。

　心理学で、第一印象は大きなインパクトを残す「初頭効果」と呼ばれる心の動きがあります。初対面の印象は7秒で決まり、半年間持続すると言われています。

　そこで、出会いの日に全身全霊で「ほめ続ける覚悟」と「今の自分の全て」を伝えるためにも、教室の子どもたちの姿をほめまくります。特に、年度初めは非言語から見えるものを取り上げていきます。そして、帰りには「成長ノート」に印象を書いてもらいます。

　出会いの日の子どもたちは、1年間のうち一番教師を見ているのではないかと思います。子どもたちの作文から、一人ひとりの見取りと振り返りをしていきましょう。また、ほめた事実の内容は板書しておいて、次の日の朝、子どもたちへミニ授業を行います。朝のスタートも、「ほめる」です。

　2つ目は、「**いきなり！連発ほめ言葉！！**」です。私は、毎日座席表を持ち歩き、一人ひとりのよいところや気づきを記録しています。この実践は、その座席表をもとに、子どもたち全員にほめ言葉を一気に伝えるものです。しかし、あえて座席表は見ません。「少し早口だけど、よく聞いてくださいね」と伝えて、一人15秒程度で伝えます。行うタイミングは、4月中旬と4、5、6月の下旬です。終わりの子どもたちは、まだかまだかとワクワクして待っていますし、初めの子どもも最後まで耳を澄まして聞いています。どの子も目をキラキラと輝かせていました。

　3つ目は、「**ほめる視点を増やす**」です。下校後、1日に撮りためた写

真を見て、ほめる視点を探して考えていきます。「何をほめていいのか分からない」は、保護者や先生方からの相談の中でいちばん多い悩みです。写真を眺めながら、一人ひとりの様子を細かく思い返していきましょう。記録して残したり、同僚の先生方と話し合ったりすると、さらに効果的です。また、これは日常的にすることをおススメします。内容の良し悪しに注目するのではなく、一人ひとりを認める心が大切です。毎日の生活のリズムの一つにして、向き合う時間を楽しんでみましょう。

## 2 ほめ合う教室で、心の温度はぽっかぽか

### なぜほめますか？

「ほめ言葉のシャワー」は、一人ひとりのよいところを見つけ合い全員でほめ合う活動です。突然ですが、みなさんは「ほめる」ことをどのように考えていますか？

そもそも、なぜ「ほめる」のでしょうか？　回りくどいかもしれませんが、一度じっくりと考えてみることが必要です。「何をほめたらいいのか分からない」「どうやってほめるのか」「ほめても調子づかせるだけだ」「子どもたちをほめていたら、教師に隙ができてしまう」などの言葉をよく聞きます。「ほめる」ことが子どもを動かすための技法や管理・統制するための手段の一つとして捉えているのでしょう。中には、「あいつは痛い目に合うまで分からない」「もう知らん」といった諦めや見放した言葉を発する人もいます。

「ほめる」のは、子どもたちを、相手を、人をコントロールするためではないのです。

2017 年 1 月 7 日に第 6 回菊池省三先生教育セミナーを菊池道場大分支部は開催しました。その一講座で、一般社団法人日本ほめる達人協会の特別認定講師である竹下幸喜さんは、「ほめるとは、自分の周りの人やモノ、起きる出来事の価値を発見して伝えること」とお話をしてくだ

3　ほめ言葉のシャワー　個の確立した集団を育てる　083

いました。これも一つの「答え」。

みなさんは「ほめる」ことをどのように考えていますか？

「ほめる」の意義やよさを自分なりに考えてみてください。子どもたちの目は鋭く、純粋。表層的なものから考え始めても十分だと思います。自問自答の回数で少しずつ深まっていくはずです。

自分なりの「答え」を心にもち、「ほめる」教師と「ほめ合う」学級が創られます。教師の心からの思いや願いはきっと届きます。

### ほめ合う心地よさを経験する

教師からほめられる経験をして「ほめる」ことのよさを感じ始めた時期に、「ほめ合う」活動を始めます。初めはぎこちなくて形はよれよれでもいいので、互いを「ほめ合う経験」をすることが大切です。心が近づき、安心感は高まり、認め合う空気が教室に漂います。

私は、スモールステップで「ほめ合う経験」を積み重ねて、「ほめ言葉のシャワー」へとつなげていきます。十分に「ほめ合う」心地よさを実感してほしいからです。

まずは、**日常のちょっとした場面で「ほめ合う」活動**をします。

席替え前に隣の人とほめ言葉を伝え合ったり、授業の一場面での学級の子どものよさを発表し合ったりなどします。

相手と向かい合って互いに見えるものをほめ合う「いいね！大作戦」は、ほめ合う活動のスタートとして実践しやすいです。

他には、教室の子どもの行為を紹介して「この行為のよさは何だろう？」と投げかけて発表し合います。実際に目の前で起きた出来事なので、全員でよさを共有できます。

子どもたちのよい行為を記録して、帰りの時間などで「誰でしょう？」

とクイズ形式にすれば、ゲーム性が加わって盛り上がります。

これらは、「単発だけど連発」がキーワードです。毎日、日常的に続けていきます。

ねらいは、「相手に心を動かす経験」「発見する意欲と観察力が上がる経験」「事実に合った言葉（価値語）を伝える経験」の３つです。１日の中で、自分の心を相手に向けて、自分の目と耳で観察・発見し、自分の口で表現する。これらは、「ほめ言葉のシャワー」でも大変重要になります。徐々に子どもたちの表情も変化していきます。

次は、**１日を通した「ほめ合う」**活動です。B5用紙に自分の名前を書かせ、ルーレット形式で一人１枚選びます。選んだ相手のよいところをこっそり１日観察して用紙に書き込み、帰りの時間、相手に伝え合う活動です。最後は、手紙として相手にプレゼントします。「ほめる」「ルーレット」「（手紙の）レター」をかけて、「ほめルーレター」と子どもたちは呼んでいました。子どもたちは、自分の手紙が手元に戻ってきた時、じっと書かれている言葉を読み、笑顔になります。自然と、「ありがとう」の声も聞こえてきました。

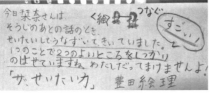

ほめ言葉を書くときのポイントは、「事実＋意見」であることです。「事実」は、なるべく詳しく書くように指導します。「意見」は、「事実」に対しての「価値付け」です。「価値語」や「辞書引き」などと並行して指導していくと語彙力・表現力ともに上がり、効果的です。

書いて表現することのよさは、自分の思考を整理しながら表現できることです。整理する過程が自分と向き合う時間にもなり、相手の１日を振り返りながら、自分の中からほめ言葉を紡ぎ出すいい経験になります。

よいものを取り上げたり全体に広げたりしながら２週間ほど活動を続

けるとぐんっと上達しますし、朝から「今日はだれかな？」とわくわくした笑顔があふれ出します。

## 「ほめ言葉のシャワー」を始めよう！

このタイミングで、「ほめ言葉のシャワー１巡目」を始めます。「ほめ合う経験」を積んできた子どもたちは、「ほめ言葉のシャワー」をしたことがなくても、そのよさを感覚的に感じ取ります。

「ほめ言葉のシャワー」を始める時には、教師の思いを語ることも重要ですが、教師が一方的に取り入れるのではなく、必ず子どもたちと「価値」や「意義」について話し合い、考えを深めていくことをおススメします。

以下、「ほめ言葉のシャワー」を経験する前の子どもたちの作文の一部です。

> ★「ほめ言葉のシャワー」という言葉からして、いいものでしかないですよね。イメージは、この言葉をピンク色がふわふわ～と囲っているように見えます。
>
> ★人を幸せにしてくれそうです。自分のよさを知って、その意味を理解すれば、自分や人をきっと幸せにしてくれます。
>
> ★ぼくは、すっごく楽しみです。早く「ほめ水」を浴びたいです。みんな、どんな「ほめ水」をくれるのだろう。
>
> ★すてきだなあ～と思います。その理由は、だれかがいいことをしたということだから。わたしたちのクラスがどんどんいいクラスに変わっていきますよね。

教師と子どもの思いの一致範囲が広いほど、「ほめ言葉のシャワー」に対しての気持ちが高まっていきます。「やらされている感」ではなく、「やっている感」。安心感に加え、学級の仲間に対する思いも高まっていきます。私の学級でのヒットポイントは「一人ひとりを全員でほめ合え

ること」でした。

## 「ほめ言葉のシャワー」の具体的な手順

以下は、勤務校の事情や実態から少しアレンジした手順です。

---

◎年間4回（4巡）程度行う
◎毎日の帰りの会で行う
①主役の日に飾る「私の日ポスター」を各自1枚描く
②その日の「私の日ポスター」を描いた主役の子どもが教室前の教
　壇に上がる
③残りの子どもが主役の子どものよいところを発表する
④発表は「自由起立発表」で「シャワー」のように行う
⑤教師は子どもたちの後に発表する
⑥全員の発表が終わったら、主役の子どもが「お礼のスピーチ」を
　する
⑦最後に教師がコメントを述べる
⑧主役の子どもが帰りの挨拶をする

---

「世界中で自分だけが見つけた○○さんの今日のよいところ」が合言葉
です。
「私の日ポスター」は、学年に応じて、色画用紙か白い画用紙か決めて
います。
　主な内容は、以下の通りです。

---

・自分の名前　・みんなへのメッセージ
・イラスト　　・好きな言葉

---

　子どもたちは、色鉛筆やマジックを使って楽しそうに、また、自分ら
しいものにしようと工夫を凝らして作成します。出来上がったら、黒板

の隅にまとめて掲示しておきます。

菊池先生は、「日めくりカレンダー」を各自1枚描かせています。「私の日ポスター」との違いは、「日にちと曜日」「その日の主な行事」があることです。私は、勤務校の事情でアレンジしています。「日にちと曜日」がない代わりに、くじ引きのように使っています。これはこれで、楽しみの一つになっていました。子どもたちは、ドキドキ感が好きみたいです。

　大切なのは、「日めくりカレンダー」や「私の日ポスター」を作る目的です。1日の主役が誰なのかを分かりやすくすることを目的としています。特に、スタートさせる時期は、掲示しても主役の子どもに意識が向かない場合があります。「今日は○○さんの日だね！楽しみだなあ！もう見つけた人はいるかな？」などとポスターと合わせて声かけをしながら、主役の子どもに意識が向くようにします。

　「自由起立発表」は、次々と間をあけずに子どもたち自身で発表を連続させていくものです。教室には、常に二人立っています。一人が発表者、もう一人が次の発表者です。発表者が発表し終わったら座り、また次の発表者が立ちます。「ほめ言葉」の「シャワー」の由来ともいえる発表の形式です。

　発達の段階や実態に合わせて、列や班ごとに発表させるのもよいかと思います。子どもたちに合わせて、緩やかに自由起立発表へと進化させていけばよいのです。

　「お礼のスピーチ」は、「嬉しかったです」「ありがとうございました」などの一言でも最初は構いません。慣れてきたら、少しずつ長く話すように指導していけばよいのです。

### 驕ることなかれ、教師

　これは、自分自身の失敗から学んだこと。今では常に自分自身へ釘を刺す言葉です。理想の「ほめ言葉のシャワー」ができず、イライラしたり落ち込んだりしていました。私は、「完璧を求めすぎていた」のです。教師の権力に思い上がり驕っていたのです。教師は、「笑顔」と「傾聴」。子どもたちの声と姿に気づかされました。急がず、焦らず。一緒に本気で「ほめ言葉のシャワー」に挑みましょう。

## 3　ただいま、笑顔のスイッチ増量中

### ほめて笑顔、ほめられて笑顔

「ほめ言葉のシャワー」によって目に見えて変化するものは、ずばり！「笑顔」です。ふと教室を眺めているときに気がつき考えたことですが、これは、間違いないことだと思います。「ほめ言葉のシャワー」を2巡、3巡と繰り返すたびに、どんどん「笑顔」が増えます。しかも、「ほめ言葉のシャワー」をしているときだけではなく、日常的に「笑顔」が増えていきます。

　トラブルがあっても、問題が起きても、話し合いで白熱しても、涙を流すことがあっても、必ず教室には「笑顔」の子どもたちがいました。

　ほめ合う関係は、プラスのストロークを生み、人を笑顔にしてくれる「笑顔のスイッチ」をあふれさせます。好意的で肯定的な心が「笑顔」を増やし、「笑顔にし合う」関係を築いていくのです。集団としての意識や安心感の高まりも「笑顔」である子どもたちの表情は語っています。

　右の写真は、この時期にRくんが

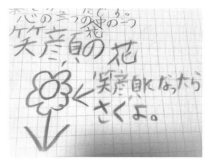

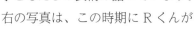

かいたものです。「笑顔にし合う」関係を実感しているからこそ、表現した思いではないでしょうか。

ちなみに、「笑」と「咲」は関係のある漢字です。鋭い感性のRくんに驚きました。教室に「笑顔の花」を咲かせませんか？

ここからは、「ほめ言葉のシャワー1巡目」が終わった「ほめ言葉のシャワー2巡目、3巡目」の時期の取り組みについて、「教室の事実と実践」を主とした紹介をします。

## マンネリ化による停滞期？

「ほめ言葉のシャワー2巡目、3巡目」の時期になると、よく聞く言葉があります。それは、**マンネリ化**。毎日の「ほめ言葉のシャワー」に変化が見られず、活動が停滞してしまうという話です。以前、「ほめ言葉のシャワー」を取り入れた学校を菊池先生と訪問させていただいたときにも話題になりました。

以下、マンネリ化による代表的な困り・悩みです。

---

①時間の設定
②発表の形式
③ふざける子ども
④苦手意識が強い・困難な子ども
⑤聞く態度
⑥よくある言葉を使う

---

## マンネリ化、万歳！

マンネリ化とは、代わり映えのないものになることです。つまり、**「ほめ言葉のシャワーのマンネリ化」とは、毎日同じような言葉や態度、空気になっている**ということです。

しかし、「ほめ言葉のシャワーのマンネリ化」は、本当に困り・悩みな

のでしょうか？そんなことはありません。むしろ、「ほめ言葉のシャワーのマンネリ化」によるピンチは、チャンスのときです。万歳！

## 新生「ほめ言葉のシャワー」へ

「ほめ言葉のシャワーのマンネリ化」は、学級の子どもたちが**「ほめ言葉のシャワー」に慣れてきた**ということです。だから、「ほめ言葉のシャワー」の質を高めて、**学級独自の新生「ほめ言葉のシャワー」**へと創造・発展させるチャンスなのです。

「もっとよくするために必要なことは何か？」「レベルアップするためにできること」などの考えを出し合ったり、「私の今日のベストほめ言葉」と題して手本となるようなほめ言葉を紹介し合ったり、子どもたちの声を基にして創造・発展させていきましょう。「ほめ言葉のシャワー1巡目記念パーティー」と銘打って、記念会を開催することもよいでしょう。

創造・発展していくためのポイントは、教師主体ではなく、子ども主体であることです。様々な工夫が飛び出し、**「世界に一つだけのほめ言葉のシャワー」**となります。「世界に一つだけのほめ言葉のシャワー」は、さらに子どもたちの思いを高めていきます。自分たちの大切なものへと思いが高まるから、「笑顔」も増えていくのでしょう。

## 創造・発展させるための教師の役割と観点

創造・発展させるための教師の役割は、見通しをもち、常に子どもたちの一歩先を示すことです。子ども主体というのは、無責任に子ども任せにすることとは違います。

そこで、教師の役割として、必要な主な観点を4つ紹介します。

1つ目は、**言葉**です。この1つ目の言葉が、私は最も重要であると考えています。例えば、子どもたちの中から出てきた素敵な言葉を教師が取り上げたり、全員で価値語を紹介し合う時間を設定したりします。また、価値語の指導とリンクさせることも欠かせません。「オリジナルの価値語」を生み出す活動などを通して、言葉をどんどん増やしていきます。

3　ほめ言葉のシャワー　個の確立した集団を育てる　091

低学年では、「○○名人」「○○の神」「○○のヒーロー」「○○マン」などの言葉を考え出していました。「○○力」のように語尾に「力」をつける言葉は、苦手な子どもたちでも工夫しやすいようで、オススメです。
　「ほめ言葉のシャワー」で新しい言葉が出てくるたびに、子どもたちは意味を考えます。また、自分でも新しい言葉を考えることで、毎日の「ほめ言葉のシャワー」の時間がより楽しみになります。「成長リズム」、意味を考えるだけでわくわくしませんか？

　２つ目は、**観察力**です。
　誰に対しても当てはまるような抽象的な内容にならないようにするためにも、細かな部分に目を向けるようにします。「ほめ言葉のシャワー」は、「世界中で私だけが見つけた○○さんの今日のよいところ」を合言葉としています。相手を観察する力を鍛えることは、今後の発展においてはずせないことです。
　例えば、具体的な描写をするために５Ｗ１Ｈや数を意識させます。見つけたことをイラストに描かせてみてもよいでしょう。
　私の学級では、朝一番に必ず今日の主役をじっと見つめる時間を設定します。「目に○○さんを焼きつけるんだよ」「穴が空くぐらい目力ビームを送りましょう」と言って、意識を高めていきます。
　また、多面的な見方も指導します。観察力が上がってくると、今まで気づかなかった相手のよさを見つけられるようになってきます。意外性や新発見は、人に対して、ぼんやりとした感覚的な見方や決めつけの表面的な見方をなくします。
　３つ目は、**コミュニケーション**です。
　菊池先生は、コミュニケーション力を次のような公式で考えています。

コミュニケーション力＝

（声＋内容＋態度＋α）×相手への思いやり

「内容」は、言葉と観察力で上がります。
「声」は、声のボリュームや声色などの声を音として捉えることです。ただ大きな声を出せばよいのではなく、場に合った「ちょうどよい声」が出せるようになることが大切です。声色は、声に気持ちを乗せて色を出すことです。ぐんと相手に伝わる熱量が高くなります。
「態度」は、姿勢や立ち姿など様々ですが、やはりポイントは、聴き合う態度です。互いに正対して本気で聴き合うことは、相手を大事に思うことにつながります。礼儀の面からも欠かせないことです。もしも、ふざける子どもがいた場合には、毅然とした態度で指導すべきです。
「相手への思いやり」だけがかけ算になっています。相手の立場に立ったり、相手を想像したりする「相手への思いやり」が高ければ高いほど、より気持ちが伝わるように表現しようとします。「＋α」の工夫の幅も限りなく広がっていきます。

4つ目は、**動き**です。

会釈や礼などの相手を敬った行動、主役や発表者が相手に近づく、身ぶり手ぶりなど様々な動きがあります。それらを取り上げてほめることで、新しいルールとして取り入れます。私の学級では、右の写真のように、ほめ言葉を伝えた後、握手をし合うようになりました。ここからさらに発展していきます。「先へ、先へ」を忘れないでください。

### 創造・発展し続けるための「大事なおまけ」

2巡目からは、お礼のスピーチもステージアップするとよいです。

感想が3つあります。

> １つ目は、○○です。・・・。
> ２つ目は、○○です。・・・。
> ３つ目は、○○です。・・・。
> **最後に・・・。**

　というような「３つあります」の型にすると、全員によりはっきりと思いが伝わります。１巡を通して、○○の部分のラベルのテーマをあらかじめ決めておくと、子どもたちは迷うことなくスピーチができます。

　時間の設定や発表の形式についても、柔軟に対応させましょう。目の前の子どもたち重視で考えるべきです。年間の見通しと覚悟を持って、実践すること。これが、教師の役割の最大のポイントでしょう。

### 教師自身に問われている「成長」

　以前、こんな話を聞きました。

「うちのクラスはみんな仲良くなった。だから、ほめ言葉のシャワーはもう必要ない」

　教室は仲良くなるためにあるのでしょうか。

　この言葉は、失礼ではないでしょうか。

　子どもたちの可能性に終わりはなく、成長することにも終わりはない。「笑顔にし合う」関係は、子どもたちの成長を大きく促進させると確信しています。

　子どもの笑顔は、成長は、未来は、教師自身に問われているのです。

## 4 らしさ100％、「ミックスほめ言葉のシャワー」

### 「覚悟」が道を創る

　最終時期の「ほめ言葉のシャワー」は、**学級らしい「ほめ言葉のシャワー」**になりますが、一概に「これがよい」というものを示すことはで

きないと明言します。

　菊池省三学級の「ほめ言葉のシャワー」と大西一豊学級の「ほめ言葉のシャワー」とでは、当然、違いがあります。教師、子ども、保護者、地域などの学級に関係する「人」が違うということは、学級独自の発展の仕方や内容にも違いが出てくるはずだからです。

　そこで、大事なことが二つあります。

　一つ目は、最終時期の「ほめ言葉のシャワー」にはハウツーやメソッドは、一切存在しないことです。いくつかのポイントや目指す姿を示すことはできますが、それは「大西一豊が考える」です。それも、大西一豊、子どもたち一人ひとり、それに関わる人たちの**「観」のミックス**が起きて、変貌を遂げた「ほめ言葉のシャワー」についてのものです。

　二つ目は、「ほめ言葉のシャワー」には完璧なものも一切存在しないことです。未完だからこそ、成長できる可能性は限りなく広がっていきます。学級の子どもたちも、「未完の可能性」という価値語を生み出し、「その先へ」と磨き合っていました。日々、成長し合う関係であれば、成長して限界を超えたその先にはまた新しい限界が見え、さらに「その先へ」と成長しようとします。

「手法的に取り入れた形だけの指導では、効果は期待できません。また、子どもたちの成長への思いに対して失礼に感じます」と最初に書きました。何が伝えたかったのか？それは、**「教師の覚悟と目の前の子どもたちの姿で全ては変わる」**こと。シンクロナイズドスイミング日本代表ヘッドコーチの井村雅代さんは、『致知』2017年11月号で、次のように語っています。

> 三流の人は、道を追う
> 二流の人は、道を選ぶ
> 一流の人は、道を創る

　ここにも、井村雅代さんの「覚悟」と目の前の代表選手たちの「姿」

3　ほめ言葉のシャワー　個の確立した集団を育てる　095

があるはずです。

　最終時期の学級らしい「ほめ言葉のシャワー」は、世界に一つしかない皆さんの学級で道を創っていきましょう。最終時期の「ほめ言葉のシャワー」については、実際の子どもたちの声と動きから事実と実践を、簡単な考察を交えて紹介します。でも、ほんの「一例」に過ぎません。ただし、自信をもって言えることは、世界に一つしかない学級らしい「ほめ言葉のシャワー」だということです。

### 超加速的に進化する動き

　１月から３月の最終日に近づくにつれて、超加速的に動きは進化していきました。教師は、動きのサポートやその一歩先を見据えることに努めました。

①自分らしい「カウントダウンカレンダー」
②ほめ言葉のシャワーの言葉を１枚にまとめた「ほめ言葉のお風呂」
③ほめ言葉のお風呂を飾る「自分＆相手らしい表紙」
④相手のことがもっと好きになれる「質問シャワータイム」
⑤主役を引き立てるための「マイクマン」

⑥ほめ言葉のシャワーを永久保存するための「カメラマン」
⑦即興的に相手のほめ言葉にほめ言葉を返す「ほめ返し」
⑧座席表を活用して全員へのほめ言葉を書いた「ありがとう37連発」
⑨さらに高みを目指し、一人ひとりのよさを引き立たせるための「アドバイス37連発」
⑩気持ちを体全体で伝える「ハグ」
⑪もっと気持ちが伝わるように考えられた「ほめ言葉のシャワー劇場」
⑫朝から急に始まった「突然！勝手に！ほめ言葉のシャワー」（午前９時

8分、大西一豊、感極まって大号泣。笑）
⑫ほめ言葉のシャワー終了後に、特によかった人を表彰する「ほめ大臣」
⑬全員にほめ言葉をプレゼントする「ほめ言葉風船」
⑭ほめ言葉のシャワーで伝えた価値語を文字化して伝わりやすくする「価値語プリント」

これ以外にも、放課後や家庭などでも様々な動きがありました。1日、1時間、1分、1秒、一瞬の「時」が、一人ひとりを全員がほめる「ほめ言葉のシャワー」につながる「時」へ、自然と変化していきます。

子どもたちの動きは、教師の考える範疇を優に超えていきます。まるで毎日が非日常でした。

## 「らしさ」あふれる生の声

子どもたち自身が、実際「ほめ言葉のシャワー」を経験してどう感じていたのか、成長ノートに振り返りを書いてもらいました。以下、昨年度の3年生の作文を紹介します。

**Yさん**

ほめ言葉のシャワーのよさは、三つあります。

一つ目は、本当の目的です。ほめ言葉のシャワーでだんだんと目的を考えるようになってきました。それは、たぶん、みんなの成長につなげるためです。「ただほめる」だけではありません。成長をキーワードにして、ほめ合うのです。

二つ目は、集中力です。ほめ言葉のシャワーにどれだけ集中するかで、「成長の量」も大きく変わります。ぼくは、しだいに集中が途切れなくなってきたと思うことが何度もありました。でも、周りからどう思われているかも大事です。

三つ目は、真の成長です。ほめ言葉のシャワーが改善することなどを

教えてくれ、勇気づけてくれました。今、ぼくがこんなに成長しているのは、ほめ言葉のシャワーのおかげです。ほめ言葉のシャワーがぼくを変えてくれたんです。

ほめ言葉のシャワーと出会って、本っっっ当によかったな〜と思います。

### Kさん

私が、ほめ言葉のシャワーをもらって思ったことが三つあります。

一つ目は、感動です。ただの感動ではなく、成長した感動です。これまでの私の成長をみんなが教えてくれましたね！

二つ目は、本当の成長です。本当の成長をしないと、力を活用できません。活用できるためには、そりゃ〜行動する力です。だから、行動すればするほど成長ができるということです。これが、本当の成長なんです。

三つ目は、自分だ！です。理由は、主役のとき、みんなの前で「自分だ！」と言える機会だからです。ほめ言葉のシャワーをもらって自分がいることを証明できます。

将来みんなは、もらったものを自分の力として、しぼってしぼってしぼーーーーーって、生きていくのでしょう。

だから、自分がいることに感謝しないといけません。

自分がいるから、あなたがいます。

あなたがいるから、自分がいます。

みんなの力は、最強です。この力をどんどん成長にして、上に上にみんなで進んでいきましょうね。

### Rさん

ほめ言葉のシャワーとは、「感謝の気持ち」です。

まず、自分のいいところを見つけてくれた人に「感謝」です。そして、そんな自分を産んでくれたママ、パパにも「感謝」です。私は、大切にされているんです。

人に大切にされて、私も人を大切にしたから、今の自分がいると思い

ます。

　私は、今の自分が大好きです。

> Kさん

　言葉とは、「ことばの葉」。つまり、木なのかなあ？葉には言葉がある。

　その中で、ほめ言葉は「新芽」だと思います。新しい自分に気づいて育つからね。

　「ほめ言葉のシャワー」に対して、「らしさ」あふれる言葉の数々です。子どもたちの考えや思いは、多岐にわたります。

　この「らしさ」を、あなたの「勝手な範囲」で制限した「ほめ言葉のシャワー」にしますか？あなたの「固い枠」に閉じ込めた「ほめ言葉のシャワー」にしますか？

　もつべきものは「覚悟」、見るべきものは子どもたちの「姿」です。

## 「自分らしさ」のミックス

　学級らしい「ほめ言葉のシャワー」とは、一人ひとりの「自分らしさ」が表現されたものです。

　一人ひとりの「自分らしさ」には、学級の「一人」である教師も含まれています。

　世界に一つしかない学級。そんな学級に私たちは立っているのです。

　ほら、やるしかないでしょ。

## 8つの視点 4 話し合い活動 考え続ける人間を育てる

中國　達彬（菊池道場福山支部）

### 1 話し合い・対話学習を始めよう

#### 「白熱する教室」をつくりたい

「今日は話し合いをします」

　教師のその言葉に「ヤッター！」と歓声を上げる子どもたち。菊池学級の子どもたちは話し合うことが大好きです。自分らしさを発揮しながら、クラスのみんなで考え合い、そして一人では考えつかなかった答えにたどり着く。そんな学びの楽しさを知っています。

　どうしたらそんな子どもたちが育つのか。そんなことを思う教師はきっと私だけではないでしょう。

#### 一斉指導から話し合い・対話学習へ

　社会が大きく変化し、社会が求める人間像も変わりつつある今、「アクティブ・ラーニング・バブル」に象徴されるように、従来の授業観の問い直しが強く求められていることは言うまでもありません。長年「一斉指導型」の授業で学んできた我々教師にとって、別の授業観を模索することは簡単なことではありません。そんな中、菊池実践は「話し合い・対話」を軸に、新たな授業観（授業スタイル）を提案しています。

　菊池省三氏は「話し合うこと」について次のように語っています。

> 「話し合いとは、自分の考えを述べ、相手の意見に耳を傾けることで、様々な価値観があることを知ること、様々な価値観をすり合わせることによって、新しい価値を見出していくこと」

> 菊池省三・関原美和子『菊池省三の学級づくり方程式』（小学館）

そして、その先に、

> 「考え続ける人間」
> 「豊かで確かな対話力を持った人間」

という人間像を示し、「人格の完成」をめざすとしています。

ここでは、1年間の「話し合い・対話学習」の実際を整理しながら紹介いたします。

## 話し合いが成立する条件

話し合い・対話学習はどうすれば成立するのでしょうか。菊池氏は、話し合いを成立させるための条件として、3つの視点を示しています。

> Ⓐ話し合いのねらいや目的の明確化
> Ⓑ話し合いの技術
> Ⓒ学級の人間関係（土台）

Ⓐを示さないままに指導を続けても、単発的な知識・技能にしかならず、先に示したような人間像に向かっていくとは考えにくいです。Ⓒのない指導も、おそらく表面的な指導になり、それこそ「一斉指導型の授業」の典型とも言える授業になるでしょう。したがって、この3点をいつも「串団子」のようにセットで考える。これを原則としています。

「価値語」「成長ノート」「ほめ言葉のシャワー」といった各取り組みは、互いに総合的・複合的に関連づけられることで、大きな相乗効果を発揮します。そして、最終的に、その中で育った力は上の「3つの視点」につながります。つまり、価値語も、ほめ言葉のシャワーも、成長ノートも、1時間、あるいは1年間の話し合い・対話学習と深く強く結びつい

4　話し合い活動　考え続ける人間を育てる　101

ているのです。

### 「1年間を見通すこと」から

どんな取り組みもそうですが、まずは、1年間の見通し（戦略）を立てることから始めましょう。

菊池氏は、年間のおおまかな話し合い・対話学習の流れを次のように示しています。

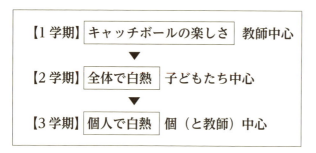

これを受けて、私が作成した1年間のイメージが下の図です。1年間の見通しをこのような表に整理してみると、その時期に身につけさせたい力と具体的な指導場面とを結びつけて計画を立てることができます。

また、その他（価値語やほめ言葉のシャワー、成長ノート等）の指導事項との関連もより明確になり、相乗効果を促すためのさらなる具体的

【表1】平成■年度 学級経営全体計画（一部）　※堀井氏（菊池道場徳島支部）の実践を参考に作成

アイディアも湧きやすくなります。

　こうして1年間を見通しながら、「1学期」「1か月」「1週間」「1日」「1時間」の指導を具体化していく。学級づくり・授業づくり同様、話し合い・対話学習の指導においても大切にしたい事柄です。

## スタート時期の話し合い・対話学習

### ～第1段階「キャッチボールの楽しさ」～

　話し合い・対話学習の第1段階は、 キャッチボールの楽しさ を経験することです（「菊池省三が考える『授業観』試案」23ページ参照）。様々な場面に話し合いを取り入れ、子どもたちに話し合うことの楽しさ（心地よさ）をたっぷりと体験させること。この点が話し合い・対話学習の入り口であり、ベースです。

　すでに述べたように、よりよい話し合いを行うためには、相手との関係性が良好であること（土台）が必須です。スタートしたばかりの学級の中では、多くの子どもたちが「自分の考えを言って大丈夫かな」「間違えたらどうしよう」といった不安を感じていることでしょう。ですから、まずは教師を中心に、言葉のキャッチボールを楽しめるような教室をじっくりつくっていくことが必要です。実践をもとに、ポイントを3つ紹介します。

### 指導のポイント① 「まずは質より量」

　何かを学び始める時、「できた」とか「できるかも」という手応えは、「楽しい」という思いにつながります。そして、「楽しい」という思いがあるからこそ、子どもは自ら動き始めます。

　最初から「質」を求めすぎると、子どもたち（きっと大人も）の動きや心は「失敗」を避けようと、硬く、遅くなります。そこで、「まずは質より量」に着目させ、具体的な数や量を目標にしながら、誰もが他者と話し合う（キャッチボールする）場に気軽に参加できるようにしていきます。

4　話し合い活動　考え続ける人間を育てる　103

具体的な例として、6年生社会科「縄文時代の人々の暮らし」での1時間の流れを載せます。資料を変えればどの学年でも応用可能です。ちょっとしたゲームのつもりで取り組んでみてはいかがでしょうか。

---

1 　課題を提示する

縄文時代の生活の絵を見て、発見、疑問、予想を<u>たくさん</u>書こう。

2 　ノートの書き方を指示する。

・「発見」「疑問」「予想」それぞれの記述例を示す。

・箇条書きの書き方を示す。

・「たくさん」について、どれくらいの量（数）を目指すか決めておく。

3 　調べたことをノートに書く。

・時間を制限し、まずは一人で書き出す。

・どれだけ書けたかを確認する。

・ペアで協力してさらに増やすように指示する。

※時間があれば、班で協力してさらに増やすように指示する。

・最終的に何個になったか数える。

4 　出された意見を全体で交流する。

5 　振り返りを書く。

---

### 指導のポイント② 「体を動かす」

すでに述べましたが、関係性が十分に育っていない学級の子どもたちは、全体的に動きが「硬くて、遅い」です。心だけでなく体自体も楽しく話し合えるような状態ではないのかもしれません。そこで、「体を動かすこと」を意図的に授業の中に取り入れていきます。例えば、「音読」は何かと便利です。イスに座ったままの音読を基本形としながら、様々な形に応用・発展させていくことができます。

---

〇ペア（班）で（句点で）交代して音読

○ペア（班）で声を合わせて音読

○学級を半分に分け、交互でフラッシュカードを音読

　少し考えただけでも、様々な体を動かす方法が出てきます。さらに、ここに「立つ／座る」「拍手をする」「ジャンケンをする」などの動きをミックスして、短い時間でも楽しく体を動かす場をつくることもできます。

　人は「楽しいから動く」だけでなく「動くから楽しい」という時もあります。このことから、話し合い・対話学習に、「話し合う体をつくる」という視点を加えることも大切なのではないかと思います。

### 指導のポイント③「価値付ける」

　音読以外にも、コミュニケーションゲームや言語活動によって、子どもたちを楽しい話し合い・対話活動へと導いていくができます。

　しかし、最終的に、子どもたちを本質的な話し合い・対話の楽しさに導いていくのは、やはり「教師による価値付け」によるのではないでしょうか。活動後、教師が「○○君と○○さんのペアがよかったよ。だってね…」と紹介してもよいですし、「みんなは、このペア（班）のどこがよいか分かった？」と考えさせてもよいでしょう。

　それまで何も考えずに行っていた友達との会話やコミュニケーションに、「ああ、そういうことが大切だったんだ」「自分が何気なくやってることにも意味があったんだ」といった気づきを加えること。これが特にスタート時期は重要だと思います。

①説明→②活動→③価値付け

　いつもこのサイクルを１セットにしながら、教師が中心になって、話し合い・対話学習における様々な価値を「見える化」していく。そうしていく中で、学級は話し合い・対話学習特有の本質的な楽しさにも近づ

4　話し合い活動　考え続ける人間を育てる　105

いていくことができます。

## 2 「全体で白熱」する話し合いをめざそう
### 〜指導ステップ第Ⅰ・Ⅱ期を中心に〜

### 第2段階「全体で白熱」をめざす

話し合い・対話学習の第1段階のキーワードは、「キャッチボールの楽しさ」でした。そして、（菊池氏の試案図によれば）第2段階としてめざすのが、全体で白熱の段階です。

しかし、「キャッチボールの楽しさ」を経験した子が、もれなく「白熱」していくというわけではありません。そこには、やはり教師の先を見通した指導が必要となります。

では、「全体で白熱」する話し合い・対話につながる指導とはどのような指導なのでしょうか。ここでは、「全体で白熱」する話し合い・対話に向かうためのポイントについて追究します。

### ポイント① 「自分の意見をもつこと」から

対話・話し合いの授業は、基本的に次のような流れで行います。

---

個人→同じ立場のグループ→全体→
（意見）　（意見拡大）　（意見出し合い）
同じ立場のグループ→全体→個人思考→
（反論準備）　（質疑反論）（自問自答）

---

しかし、私は、年度スタートの時点からいきなり上の流れをすべて通そうとはしません。特に、最初は「全員が意見をもつこと」を重視した指導を繰り返し行います。

●「私は～～です。理由は・・・だからです」という形で書きましょう。理由が1つ書けたら持ってきなさい。

●絵を見て気づいたことを箇条書きで書きます。3つ書けたら持ってきなさい。

　全員のノートを確認する場を繰り返し設けることで、私は「問われたことに対して答えようとする」という態度を徹底させます。

　教室という公の場で、自分の意見をもつことは「出席者ではなく参加者」になるための第一条件です。つくり出した意見を公表するということは、自分の発言に対して責任をもたせることにもつながります。「白熱した話し合い」とは、そのような「責任ある個」の集まりによるものでなければなりません。ですから、まずはこの最初の段階である「自分の意見をもつ力」を丁寧に育てていきます。

## ポイント② 「基本となる技術・価値観を育てる」

「自分の意見をもつ力」をつけることが話し合い・対話指導の出発点になることはすでに述べた通りです。しかし、話し合い・対話学習に必要な力は当然それだけではありません。次のような力も同時に少しずつ鍛えていく必要があります。

●スピーチ力　　●質問力
●反論力　　　　●引用力
●即興力　　　　●反応する力
●先を読む力　　●準備力
●スピード　　　●チームワーク　等

　先に述べたように、4～5月の入門期はゲーム感覚で楽しく鍛えていくのがよいと思います。6月以降も基本的な考え方・指導スタンスは変わりません。しかし、6月頃から、これまで学んだ技術を総合的・複合

的に絡ませつつ、少し発展した学習にもチャレンジできるようになります。

　その代表がディベートです。ディベートとは、ルールのある話し合いの中で、価値判断の質を競い合い、磨き合うものです。そこで定められているルール一つ一つは話し合い・対話の本質に関わっており、子どもたちはディベート学習を通して、話し合いに必要な技術・考え方を習得することができます。特に、この時期は、基本的な技術の指導も大切にしますが、それ以上に、ディベートを通して話し合い・対話の中の様々な価値観を体験的に学ばせることに力を入れます。例えば、「自分の考えとディベートをする上での立場は無関係である」というルールからは「話し合いにおいて、人と意見は区別しよう」という考え方を学ばせることができます。また、「立論・反論・質問の時間は決まっている」というルールからは「話し合いにおいて、発言権は公平に与えられるべきである」という考え方に気づかせることができます。このように、ディベートの中で話し合いの基本となる技術や価値観を体験的に育てるのです。

### ポイント③ 「Ⓐ Ⓑ Ⓒをセットで指導する」

　ディベートや話し合い・対話学習の進め方や具体的な言葉かけ等については『1年間を見通した白熱する教室のつくり方』（中村堂）に整理されていますのでそちらで詳しく知ることができます。

　ここでは、先に取り上げた「話し合い・対話を成立させるための3つの条件」についてもう少し詳しく考えてみたいと思います。

　菊池氏は話し合い・対話を成立させるためのポイントとして次の3点を示しています。

---

Ⓐ話し合いのねらいや目的の明確化
Ⓑ話し合いの技術
Ⓒ学級の人間関係（土台）

---

108

そして、指導においては、 Ⓐ Ⓑ Ⓒをセットで指導すること が重要だとしています。ここで注目したいのは「Ⓐ Ⓑ Ⓒをセットで指導する」とは具体的にどういうことか、ということです。

菊池氏はあるセミナーの中で次のように話していました。例えば、

> 「〜だと思います」ではなく、「〜です」と言い切りなさい。「です」で言い切れれば、「なぜかと言うと」でつなぐことができるし、聞いている側も「なぜですか」と問うことができます。

という「Ⓑ技術」に関わる部分を指導するとします。この場合、菊池氏は、

> 「でも、それはお互いが考え合うためにですよ」（＝Ⓐねらい・目的）

> 「それができる関係をつくってきたじゃないですか」（＝Ⓒ土台）

という言葉もここに加えると言うのです。つまり、一つひとつの技術がなぜ重要・有効なのか（＝Ⓐねらい・目的）、そうした技術を使うことでさらにどんな関係性が育つのか、またはその技術を使うことが子どもたちのどんな関係性に支えられているのか（＝Ⓒ土台）といったこともセットで示すというわけです。

正直、私はある「Ⓑ技術」だけを取り出してそれを「Ⓐ目的」や「Ⓒ土台」と切り離したまま指導してしまうことがしばしばあります。例えば、

> 「天井に突き刺さりそうな指先だね」
> 「たくさんメモすることができたね」

4 話し合い活動 考え続ける人間を育てる 109

といった言葉を単独で示し、「それがなぜよいのか」を示していなかったのです。このような指導（評価）を続けていては、子どもたちの中に「B技術」は増えるものの、それらを目的に合わせて、組み合わせたり変化させたりしながら自ら"駆使"できるようにはならないでしょう。

ですから、私は、まず教師がABCがセットになった指導を具体的にイメージしておくことが大切だと考えています。あらゆる「B技術」が白熱した話し合いをめざす上でなぜ有効なのか、目の前の子どもたちにとってAやCとどう結びつけて示せばより効果を発揮するのか。そうしたことを具体的にイメージしておくことで実際の指導にもつなげやすくなるのだと思います。

そこで、私自身が授業の中でよく口にする言葉を例にABCの視点で分類したものを示しておきます。

| Aねらい・目的 | B技術 | C土台（関係性） |
|---|---|---|
| 出席者ではなく参加者になるのです。 | AかBか立場を決めましょう。書けた人はノートを持って来なさい。 | 全員が活躍する教室をつくりましょう。 |
| 「私が発言します」という覚悟と責任感の強さを示すのです。 | 天井に指先を突き刺すのです。指先だけでなく目にも力を込めましょう。 | この教室でみんなと一緒に学ぼうというやる気が感じられますね。 |
| たくさんアイディアを出すのです。 | 「いいね！」で弾ませましょう。 | みんなで意見を出し合うことを楽しみましょう。 |
| 相手の考えや思いを受け入れるのです。 | 口角を上げてうなずきながら聞きましょう。 | 安心して話し合える雰囲気ができますね。 |
| 違う立場の人と対話するから自分の意見が深まり、強くなるのです。 | 男女や仲良しグループで一緒になりません（金魚のフンになりません）。 | いつでも、どこでも、誰とでも仲良くできるくらいの人になりましょう。 |
| 自分の考えが少なくても、友達の意見を聞いて増やすことができれば、関わりの中で学びを深めたということになるのです。 | 友達の意見はどんどんメモします。「なるほど」と思ったところには線を引いたり印をつけたりしておきましょう。 | メモしながら聞いてくれたら、相手も言ってよかった、もっと頑張ろうって気持ちになるでしょう。Win-Win ですね。 |

実際は、相手や状況によって言葉の内容や組み合わせは適宜変わります。しかし、あらかじめこうして自分の言葉を分類・整理しておくことで、価値語と価値語のつながりがより明確になり、「全体の白熱」に向け

た的確な言葉かけができるようになるのではないでしょうか。

## ポイント④ 「子どもの声を聴く」

ここまでは教師主導のはたらきかけについて述べてきました。しかし、肝心の子どもたち自身は話し合い・対話学習について、どう思っているのでしょうか。話し合い・対話学習に対してどんな思いや願いをもっているのでしょうか。

4年生国語科「よりよい話し合いをしよう」の学習では、単元導入で「どんな話し合いをめざしたいか」について学級で考え、意見を出し合う場を設けました。

---

1　課題を提示する。

　どんな話し合いにしたいか考える

2　話し合いが必要な理由を説明する。

①何かを決めるため。

②新しいアイディアを出すため。

3　どんな話し合いにしたいか、自分の考えをノートに書く。

　　・箇条書きで書く。

　　・2つ書けたら持ってくる。

　　・教師の〇をもらったら黒板に書く。

4　友達と話し合い、意見を拡大させる。

5　教師がコメントを述べる。

6　振り返りを書く。

---

子どもたちはこれまでの成功や失敗の経験を思い出しながら、実現させたい話し合いのイメージを具体化することができていました。

---

【子どもたちが出した意見（一部）】

□すなおに発言する　　□一人もえんりょしない

---

4　話し合い活動　考え続ける人間を育てる　111

□わがままは言わない　□友達のがんばりを見る

□心のけがをしない　　□助けながら

□D語ではなくY語で　□聴き合う

□発表したらその人にはく手をする

□笑顔があふれる　　　□楽しく

単元の最後には、

今回の話し合いの学習で身についた（高まった）力とは？

といったテーマで振り返りを行いました。

目標設定→活動→振り返り　というサイクルを子どもたち自身が動か
し始めると、教室の雰囲気も変わってきます。「今度はこうしよう」「も
っとこうしたい」といった思いから、教室のあちこちで変化が起きるよ
うになります。可視の部分と不可視の部分の両方で「規模」の拡大が始
まります。そして、その先に「全体で白熱」した話し合いが生まれます。

# 3 「全体で白熱」した話し合いをしよう
## ～指導ステップ第Ⅲ・Ⅳ期を中心に～

### 「全体で白熱」しよう

　第Ⅰ・Ⅱ期では、話し合い・対話学習の基礎となる一人ひとりの技
術・価値観を育てることに重点を置きました。第Ⅲ・Ⅳ期では、こうし
た個と個の力をつなぎ、さらに高めながら学級全体で白熱した話し合い
ができるように指導していきます。しかし、発問と場を設定するだけ
（いわゆる「丸投げ」）では、単なる「表面上の言い合い」「一部の子たち
だけの白熱」で終わってしまう可能性があります。ここでは、改めて
「白熱した話し合い」とは何かを確かめた後、後半でこの段階における指

導のポイントについて考えます。

## 「白熱した話し合い」とは

「白熱した話し合い」と言う時、私は大きく２つに分けて考えています。一つは、 可視の白熱 、もう一つは、 不可視の白熱 です。

　まず、前者は「表面的な（あるいは現象としての）白熱」と言い換えることもできます。例えば、あちこちで話し手が身ぶり手ぶりを使って何かを伝えようとしている。ホワイトボードや図、資料を見せたりしながら話している。聞き手は、うなずいたり首をひねったりと（一応の）反応を示したり、相手の発言をメモしたり反論したりしながら聞いている。見た目には活動的で、子どもたちも楽しく活発に活動している印象を受けます。しかし、その様子（内容）をよく観察してみると、実は水掛け論になっていたり、どちらか一方が主張して終わったりしていることがしばしばあります。**その場（その授業や単元）の雰囲気は盛り上がるのですが、必ずしも個人や集団の考え方や関係性に変化があるわけではありません。**ですから私は、ひとまずこのような状態を「可視の白熱」として考えることにしています。

　一方、後者は、不可視の部分（個人の内面）に注目します。**個人や集団の考え方・関係性にも変化が起きている（起きつつある）**時、私はそれを前者とは区別するために「不可視の白熱」として考えています。後者は、自分の考えを問い直したり、友達の考えのよさに気付いたりしながら、問題を解決し、Win － Win － Win の関係をめざします。時には喜んだり悔しがったり、ハラハラしたりドキドキしたりといった感情の動きも伴うため、思考が「その場限り」になりにくく、休み時間になっても家に帰っても、時には数か月経った後でも考え続けようとするようです。このことに関わって菊池氏は次のように述べています。

> 「一斉指導における知識理解重視の授業から対話・話し合いを通して他者とのかかわりの中から起きる内側の変容重視の授業へ」と学

> びを変えていくのです。（途中省略）このような学びを数多く体験し
> た子どもは、他者との対話を通して学び続ける楽しさを知ります。
> 「考え続ける人間」へと成長していきます。
>
> 『1年間を見通した白熱する教室のつくり方』（中村堂）

## 「全体で白熱」するための指導のポイント

### 〜「個＞全」から「個＜全」へ〜

「全体で白熱」する段階では、先に述べた2つの白熱した状態が入り混
じります。両者は相乗的に高まっていくので、それぞれが促されるよう
な指導が必要になってきます。この段階における具体的な指導について
考えてみます。

### ポイント① 「具体的な行為を取り上げてほめる・認める」

　第Ⅰ〜Ⅱ期で経験した基本形をふまえながら話し合いを進めていると
「全体の白熱」につながるような行為が出てきます。例えば、すでに述べ
たような"うなずき"や"メモ"、「なぜ…なの？」といった問い返しや
「もし〜だったら…」といった仮説を立てることで一般性を導こうとする
話し方などの技術をごく自然に使う子どもが出てきます。しかし、そう
した価値ある技術もそのままでは学級全体（あるいは本人すら）に気付
かれないままスルーされてしまいます。ですから、こうした価値ある行
為が出てくれば、それを全員の前で取り上げ、意味付け・価値付けして
ほめていくことで、全体に広げていきます。

　ところが時々、すでに全体で取り上げ教師は認めたつもりのことを子
どもが改めて聞きにくることがあります。例えば、画用紙やホワイトボー
ドを使うことを認めた後で、

**「先生、私も画用紙を使っていいですか？」**

　と尋ねてくるような場合です。その場で「いいよ」と答えることもあ
りますが、それを続けていても「教師が子どもたちの視界から消える」

114

ことはできません。学習方法を自分たちで選択・決定する（そしてその選択に責任をとる）力も育てようとするならば、次のような返し方があってもいいと思います。

> 今、〇〇さんが「…するために画用紙を使ってもいいですか」と聞きにきました。みなさんはありだと思いますか、なしだと思いますか？

こうして学習方法の選択・決定権を「教師」から「学級全体」に預けてみるのです。当然それまでこうした学びをしてきているわけですから全員「あり」と答えます。そして、

> 〇〇さんはこれまでの学習を活用する力、"知恵"がありますね。みなさんも今まで学んだ方法でこれは使えるぞ、と思った方法は〇〇さんのように"知恵"として活用していいですからね。

と改めて確認すれば、子どもたちは自分で判断して行動できるようになっていきます。

こうして、「個と教師の関係」を「個と全体の関係」へとつなぎ直して

左：黒板を開放する。
中：自宅で証拠資料（論文）を探してきている。
右：自主学習で続きを準備してきている。
※その他「規模」の拡大につながる具体的な行為については、『1年間を見通した白熱する教室のつくり方』（中村堂）をご参照ください。

いくことで、教師は子どもの視界から消えていくことができるのです。

　もちろんいつも「全体」に返す必要はなく、「あなたはどう思うの？」と問い返せば、「いいと思います」「先生もそう思うよ」というやりとりになり、選択・決定権をその子に預けてみることができます

### ポイント② 「ディベート的な話し合いを促す」

　話し合いの中身をかみ合わせていく上で、第Ⅱ期で経験したディベート学習は大きな役割を果たします。例えば、ディベート学習の際、自分の「主張」を述べるためには「理由」と「証拠」をセットで示す必要があるということ（三角ロジック）を繰り返し指導しておくことで、同じ立場のグループで話し合っている時に、子どもたちは自ら具体的な証拠を探してくるようになります。また、考えを伝える際にも、

> 主張→理由→証拠→主張
> 　（主張→証拠→理由→主張でも可）

という基本的な話し方の順序が身についていることで、自信をもって話すことができます。私の場合、ディベート学習の時に示した掲示物（右の写真）を繰り返し示し、ディベートで学習したことが話し合いでも活用できるのだということを確認するようにしています。

　またディベート学習は、話し合いに必要な「技術」だけでなく、「考え方（価値観）」についても深い気付きを与えてくれるものです。次の写真は第Ⅱ期のディベート学習を終えて、その振り返りをした時につくった白い黒板ですが、例えば、この中に出された言葉を再度取り上げて指導や評価を行えば、今行っている話し合いで大切にしたい「考え方」についても「全体」で理解を深めることができるでしょう。

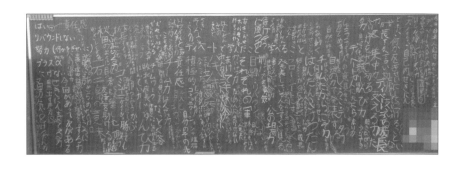

### ポイント③「内側の変容を見取る」

　前半でも示した通り菊池実践が目指すのは、内側の変容重視の学びです。しかし、「内側の変容」とは、どうすれば見取ることができるでしょうか。ここでは2つに分けて考えてみたいと思います。

　1つ目の方法は、本人に聞いてみることです。例えば、話し合いの時のルールとして「立場を変える時は先生のところに来てその理由を述べる」ということを確認しておきます。そうすれば、「誰」が「なぜ」変容したのかということを教師は見取ることができます。次の言葉は6年生の国語「やまなし」で自分の立場を変えた子たちの言葉です。

---

テーマ【谷川の深さはどれくらいか】にて
C1「1mから50cmに変えます」
T　「どうしてですか？」
C1「○○さんと話してたんですけど、3mくらいの深い川だったら、小魚じゃなくて大きな魚が多いと思うんですよ。その大きい魚じゃなくて、かわせみってちっちゃな魚を食べるんで、ちっちゃな魚がいるってことは50cmくらいの川だと思うからです」

---

テーマ【5月と12月どちらの方が明るい世界か】にて
C2「5月から12月に移りたいです」

T 「どうしてですか？」

C2「先生がさっき言っていた主題ってあるじゃないですか。筆者の言いたいこと…まあ、いわゆる主張じゃないですか。それって筆者の信条とかが関係してくるじゃないですか。だから天気とかを、僕は5月で自分の意見として使っていたんですけど、それは筆者の信条とかに関係ないかなと思って。さっき△△君の意見とかを聞いていると、12月の方が筆者の主張らしいところがいっぱいあったので…そっちに移りたいです」

しかし、上の方法では「全員」の変容まで見取ることはできません。立場を変えなかった子の変容も見取る。そのために、私は2つ目として、**書かせる**という方法もとります。私の場合、

☑**成長ノート（または各教科のノート）**

☑**白い黒板**

での振り返りが主です。テーマは（時期や単元によっても変えますが）、**「〇〇の話し合いを終えて成長したこと」**という形を基本にすることが多いです。1時間ごとに振り返るよりも、数時間（または1単元）終えた後に時間をかけて振り返る方が、子どもたちは自分や学級全体の学びを落ち着いて（俯瞰して）振り返ることができるようです。

話し合い・対話学習の中での内側の変容は、次のような姿にも現れています。

・休み時間も話し合いを続ける。

・話し合った後の表情が清々しい（険しい）。

・休み時間に「先生はどう思いますか？」と聞きに来る。

・他の学級の友人や家族にも意見を聞く。

・家で振り返り（感想）を書いてくる。

・家で意見を練り直してくる。

・休み時間に図書室に証拠資料を探しに行く。

・一見関係ないことをしている時（遊んでいる時や給食を食べている時、下校時）に何気なく話し合いのテーマに関する会話が始まる。

・休日に自分たちで集まって準備をする。等

教師はこうした姿も「変容の現れ」として具体的に意味付け・価値付けしながら見取り、それを「全体」の場で取り上げることで、「全体で白熱」した状態をめざしていきます。

## 4 話し合い・対話学習を通して「考え続ける人間」を育てよう〜指導ステップ第Ⅴ期を中心に〜

### 話し合い・対話学習の最終段階

〜「全体で白熱」から「個人で白熱へ」〜

　第Ⅴ期では、これまで学んできた話し合いの価値や技術を生かしながら仲間とさらに対話を重ねていきます。その中で子どもたちは自分自身の考え方や学び方についても振り返ることが増え、自分をよりよく成長させていくために自分はどうすべきか、どうあるべきかを積極的に問い直すようになります。教師は「全体の変容」から、「個の変容」を重視した指導・評価に再び力を入れていきます。1時間の授業だけでなく、他の教科や生活場面とも関わらせながら、一人ひとりの育ちをより総合的・複合的に見ていくようにします。

> 「考え続ける人間」
> 「豊かで確かな対話力をもった人間」

　ここでは、上に示すような人間を育てるための話し合い・対話学習について、その最終段階における指導を中心に考えていきます。

4　話し合い活動　考え続ける人間を育てる　119

## この時期の教室

　3学期になると「自分たちでよりよい学級をつくっていこう」という雰囲気が強くなります。

　ある年（6年生）には、ミュージック会社がカラオケ大会を企画し、休み時間にみんなで歌ったり踊ったりしました。また朝の会の「先生の話」はほぼ連絡事項だけとなり、代わりにその日の日直が「日直の話」として朝の講話を行うようになりました。その中では、日直が自分でオリジナル・コミュニケーションゲームを考えてきて、みんなに体験してもらうという日もありました。

　この時期、ほめ言葉のシャワーや成長ノート、自主学習ノートなど、様々なところで自分や学級の成長に目を向け、互いによさを認め合う姿が見られるようになります。卒業・修了に向かって学級全体を巻き込んで何かをすることが増え、子どもたちが自分たちで教室を動かすようになります。

## 国語科「海の命」での話し合い

### (1) これまでの学習を生かす

　こうした集団の雰囲気の高まりの中で、話し合い・対話学習においてもいたるところで成長が見られるようになります。

　国語科「海の命」の学習では、音読を行った後、人物関係図をつくって物語の設定を確認しました。その後、話し合いのテーマを、**太一の気持ちがガラリと変わったのはどこか**として討論をスタートしました。大まかな流れは菊池氏が示している通りです。

①個人（意見を考える）
②同じ立場のグループ（意見拡大）
③全体発表（意見を出し合う）
④同じ立場のグループ（反論準備）

### ⑤全体話し合い（質疑反論）

『1年間を見通した白熱する教室のつくり方』（中村堂）

　話し合いが始まるやいなや、子どもたちはホワイトボードや画用紙を使って考えを整理したり、自分の意見を主張するための準備を始めたりしました。翌日には、家から資料を持って来る子もいました。いちいち教師のところに来て「先生、…してもいいですか？」と聞きに来る子はもういません。

「□ページのここに…って書いてあるでしょ？」
「○○さんが言うのは…ってことなんよね？」
「それは与吉じいさが言ってるだけであって、太一はそう思ってないんじゃない？」

　ごく自然なやりとりの中にこれまで身に付けてきた話し合いの技術が垣間見えます。話し手は「主張」「理由」「証拠」を揃えて示し、聞き手も質問しながら相手の意図を理解しようとするので、自分たちでかみ合った議論にしていくことができていました。子どもたちは、これまでの学習を生かしながら、自分たちで話し合いを進めていました。

### (2)「メイン」と「サブ」で話し合う

「⑤全体の話し合い（質疑反論）」は右図の形で行いました。各グループから代表者を1名ずつ出し、代表者による話し合いを「メイン」、その周りの話し合いを「サブ」として場を設定しました。こうすることで、全グループが役割分担をして話し合いに参加しながら適宜作戦も練ることができるようにしました。

　聞き手は話し合い全体の様子を俯瞰しながら、自分たちの主張をブラッシュアップしていきます。と同時に、話し合いの流れを読み、タイミングよく発言することも求められるため、頭を休める暇はありません。

　中には、せっかく準備したのに発言できなかったという子もいました。「メイン」での話し合いは、適度な緊張感の中で行われました。代表者

4　話し合い活動　考え続ける人間を育てる　121

が話している時、後ろからさりげなくメモを渡してサポートする子たちの姿もありました。

(3) 感想を書く

　結局、時間内に決着はつきませんでした。そして話し合い終了後、各自ノートに感想を書かせました。

> （太一は）自分が本当に求めていたことは、かたきをとることではなく一人前になることだと気付けた。クエを殺してつかまえることだけが一人前になる道ではないと気付けたから殺さなかったんだと思う。

> メインでみんな言えなくて、そこはグループとしての反省かなと思います。（メモを）何回書き直しても理由が出てこなかったのはあせっていたからかなと思います。

> 今回の話し合いで、またたくさんの疑問がうかびました。「クエの目はなぜかわっているのか」本当に細部にこだわってみないとわからないことです。物語は最初から最後までつながっていることがわかりました。

グループで教科書の一文一文に注目して見ていると、また新たな意見が出てきます。「これは何で？」「これはどういうこと？」と次から次に分からないことが出てきました。

それぞれ意見がちがうのに分かるところがあって、聞けば聞くほど合っている気がして、よく分からなくなりました。事実と意見をしっかり分けてするどい質問をしている〇〇さんをすごいと思いました。私はそこまで入っていなかったので、参加者になれるように〇〇さんを見習ってがんばっていこうと思いました。

## 学習と個の成長をつないで評価する

これも「海の命」の後の、ある女の子（Aさん）の振り返りです。

サブのときにはいろいろとメインの人に言っていたけど、自分がメインになるとなかなか言葉が出てこなくて、でも勇気を出してしゃべってみたら楽しくなってきて、自分の意見に自信が持ててきました。だからメインが交代して、私がサブになってもずっとしゃべりたくて、うずうずしていました。だから、気づいたら他の班のサブの人と討論していました。

4月、Aさんは次のような作文を書いていました。

自分から手を挙げて発表ということが苦手でした。友達にも思うことを言えなかったりということが多かったです。だからこれからは、思ったことはきちんと言葉にし、相手に伝えることができるようになりたいです。

4　話し合い活動　考え続ける人間を育てる　123

Ａさんは、常に周りの友達を気遣うことのできる優しい性格の女の子
でした。しかし、相手を気遣うあまり、肝心な自分の思いも言えないま
まになることが多かったようです。特に、大の仲良しであるＢさんに対
しては。

　Ａさんは「海の命」の振り返りを次のように続けています。

今までじゅぎょうではＢさんにはどうしても私は反論できませんで
した。それはどうしてか自分でも分かりません。でも今日は意見も
ちがい、同じメインの場に立ちました。そしたら、どうしても反論
したくなって思いきって反論しました。今まできちんと二人で目を
合わせて言い合いをしたことがなかったからクラスの人よりすごく
心臓がバクバクしていました。（途中略）Ｂさんに反論ができなかっ
た理由はまだ分からないけど、一つは私よりも何倍もしっかりした
Ｂさんにいいかえされるのがこわかったんだと思います。でも、こ
れからはそんな自分の弱いところもさらけ出していきたいです。（以
下、内容面についての記述が続く）

　学級の一人ひとりのよさに目を向けることが当たり前になり、Ｂさん
のよさもたくさん見えてくる中で、ＡさんはどこかでＢさんに対する引
け目も感じていたのかもしれません。しかし、Ａさんは上の振り返りを
書く中で、話し合いを通しての自分の成長に気付き、自信を高めていま
す。４月の頃に「思ったことはきちんと言葉にし、相手に伝えることが
できるようになりたい」と書いていた彼女が、３学期にこうしてたくま
しく前向きな言葉で自分を語っている。こうした個の変容を、この時期
の教師は積極的に見つけて評価し、「つないで」いかなければならないの
かもしれません。

### 話し合い・対話が教えてくれること

　次の言葉は子どもたちが話し合い・対話学習で身に付く力（学べるこ

と）として白い黒板に書いた言葉の抜粋（一部）です。

> 支える力　自己内責任　時間をむだにしない　何かをぎせいにして続ける　自然拍手力　?がうかぶ　納得解　敗北から学ぶ　準備力　自分の経験から話す　学級目標の意味を再確認　「負けそう」に勝つ力　人まかせにしない　世のため人のため　負けても笑顔　ふみ切る力　あきらめたらそこで試合終了　友達を助ける今回があって次がある　きっぱり力　反省力　失敗してもそれを台にして成長する　公の仮面　終わってネガティブにならない　…など

　これらの言葉を見ても分かるように、話し合い・対話学習を通して得られる学びは、単なる一教科・一領域の知識理解にとどまるものではありません。人として生きていく上で大切にすべき知恵、さらにはそうした知恵を自ら生み出していく力を体験的に学び、育てていくことができるのです。いわゆる「知識注入型の一斉指導」では軽視されたり扱われなかったりする事柄が、話し合い・対話学習では丁寧に指導・評価できます。そして、子どもたちは他者との対話を通して学び続ける楽しさを味わいながら、「豊かで確かな対話力」をもった「考え続ける人間」へと成長していくのです。

| 8つの視点 5 | 学級ディベート<br>主体的な学び手を育てる |
|---|---|
| | 南山　拓也（菊池道場兵庫支部） |

## 1 学級ディベートで主体的な学び手を育てよう

### はじめに　主体的な学び手を育てるために

　上の写真は、2017年度に担任した学級で行った話し合いの写真です。2学期の国語科「ごんぎつね」でのディベート的な話し合いの授業です。論題は、「最後にごんは幸せだったのか」です。白熱した話し合いでした。1学期に経験した「学級ディベート」で学んだ力を発揮し、かみ合った議論を行う子どもたちの姿が見られました。

　私は、目の前の子どもたちが主体的な学び手に育ってほしいと願い、日々の学級づくり・授業づくりに励んでいます。そこに、菊池実践の中核を担う「ほめ言葉のシャワー」や「価値語」「成長ノート」などを取り入れてきました。菊池実践を通して、子どもたちが主体的に学び、成長していく姿がたくさん見られるようになりました。そんな私が、唯一していなかった菊池実践があります。それは、「学級ディベート」です。「どのように指導すればよいのか分からない」「難しそう」というイメージをもっていたからです。もしかすると、皆さんの中にも同じ思いをも

っている方がいらっしゃるのではないでしょうか。しかし、菊池省三氏は、次のように述べています。

> 　子どもたちの学びをより対話的にするために、ディベート指導は欠かせない。「菊池実践」の話し合いは、ディベートがポイントなのである。

　それから私は、「学級ディベート」を真剣に学び、学級で実践するまでになりました。すると、これまでとは違う子どもたちの話し合いの質や人間関係に変容が見られるようになっていきました。
　ここでは、「学級ディベート」の具体的な指導のステップを示していきます。また、「学級ディベート」を通して、成長する子どもたちや学級の様子を事実とともに紹介していきます。

### 「学級ディベート」とは何か

　ディベートとは、「理由を明確にして話す、応答関係を楽しむ、ルールのある討論ゲーム」です。概略は、次の通りです。

> ・論題（テーマ）が決まっている
> ・2つの立場（肯定と否定、AとBなど）に分かれる（自分の意見と試合での立場とは無関係である）
> ・根拠を伴った意見を述べ合う
> ・互いの意見を質問し、明確にし合う
> ・相手の意見に対して、反論を述べ合う
> ・審判が客観的に判定を行う
> ・判定によって、勝敗がつく

　松本道弘氏は、「ディベート・ルネッサンス　究論復興」（中村堂）で、ディベートを学級で取り組む目的について、次のように述べています。

5　学級ディベート　主体的な学び手を育てる　127

> 　教室でディベートをやる目的は、ディベートによって、子どもたちがどんどん活性化して、発見の喜びを知り、自己発見型の学習に変わっていくためである。

　また、菊池氏は同著の中で、「ディベートの目指す思考力を育てていく教室を実現したい」「普通日常の教室の中で意見が対立したときに win-win-win の関係になるような集団、教室をつくりたいと強く思います」とも述べています。

　このことから、本来の「ディベート」がもつ特性にプラスして、学級づくりの視点も取り入れたものを「学級ディベート」と呼びます。年間を通した指導を行い、対話・話し合いがよりかみ合った質の高いものをめざすのです。

### 「学級ディベート」のもつ可能性

　菊池氏は、教育新聞の連載記事（2017 年 12 月 17 日）で「学級ディベート」の教育観について、次のように述べています。

> 　ディベートの持つ授業観は、従来の教師主導の一斉指導の授業観と対極をなすものだと考えている。知識重視の授業観ではなく、変容（価値判断の質の高まり）重視の授業観に支えられているのが、ディベートの持つ授業観であると判断しているのである。
>
> 　現在、我々教師の「観」の変換が強く求められている。知識を一方的に教え込むのではなく、主体的な学び手を育てる指導の考え方やあり方が求められているのである。

　「学級ディベート」を取り入れることで、学習者である子ども自らが調べたり、他との学びを関連付けたりするなど、主体的に学ぶ姿勢を見せます。また、子ども同士が対話・話し合いを通して、新たな気付き、発見をすることもできます。「学級ディベート」の教育観を取り入れること

で、学習指導要領の「主体的・対話的で深い学び」を実現し、社会に生きる人間として必要な考える力を育てることが可能になるでしょう。

## 年間を見通した「学級ディベート」指導

1年間を見通して、「学級ディベート」の目的である「感情的にならずに、人と意見を区別すること」と「相手を尊重しながら話し合うことができること」といった2つの力の育成をめざします。そして、「学級ディベート」を通して、子どもたちに「問題解決能力」「情報選択能力」「論理的思考力」「客観的・多角的・批判的な視点」「話し合う力（話す力＋聞く力）」の5つの力を育むのです。

| 年間を見通した学級ディベート グランドデザイン 2018 | | | | 1学期（4〜7月） | 2学期（9〜12月） | 3学期（1〜3月） | 話し手としての成長 | 聞き手としての成長 | 集団としての成長 |
|---|---|---|---|---|---|---|---|---|---|
| 低学年 | 一年生 | やり取りに親しむ | コミュニケーションゲーム 討論ゲーム | 話すことの楽しさを味わおう ・「はじめ・なか・むすび」で話そう | 「スピーチ＋質疑応答」のあり方を経験しよう | 応答性を楽しむ討論ゲームをしよう | ・意見のやりとりの楽しさを知り、すすんで話そうとする ・立論、質問、反論の話し方を知ら応答できる ・友達の意見をすすんで聞く ・「はじめ・なか・まとめ・むすび」の構成で話す | ・楽しみながら聞くことができる ・組み立てに気を付けながら聞くことができる ・話を聞き比べる ・自分の考えと比べながら聞くことができる | ・すすんで話そうとする子どもが増え、コミュニケーションが増す ・楽しみながらすすんで話し聞こうとする子どもが増え、支持的風土が広がる |
| | 二年生 | 討論を楽しむ | （立 質 反 A ○ ○ B ○ ○） | 判定のルールを確認し、討論ゲームを楽しもう | 自分たちで議題を決め、ミニ・ディベートをしよう | 反対の仕方を確認し、ミニ・ディベートをしよう | | | |
| 中学年 | 三年生 | ディベートを楽しむ | （立 質 反 肯 ① ② ③ 否 ④ ⑤ ⑥） | 判定のルールを決めて討論ゲームを楽しもう 自分たちで議題を決め、ミニ・ディベートをしよう | 発言記録の方法を確認し、ミニ・ディベートをしよう 立論型ディベートをしよう | 結論と根拠の関係を考えて、ミニ・ディベートをしよう 主張に必要な資料を集めて、ミニ・ディベートをしよう | ・メリット、デメリット方式の話し方ができる ・確認したいことを決め付け、理由を否定することができる ・結論と根拠の関係を考えて話すことができる ・資料を作って立論を作成できる | ・話を批判的に聞くことができる ・聞きたいことを決めながら聞くことができる ・反論を考えながら聞くことができる ・要点をメモしながら聞くことができる | ・すすんで質問することができるようになり、学級に主体的に取り組む ・友達の意見にも質問や反論ができるようになり、対話的な学習ができるようになる ・人と意見を区別して話したり聞いたりすることができるようになり、建設的な議論が可能になる |
| | 四年生 | ディベートの進行の流れに合わせた発展的実践も可能です。 | 【注】 2、3は、否定側からの質疑と反論。 5、6は、肯定側からの質疑と反論。 ※下の高学年の進行の流れに合わせた発展的実践も可能です。 | 発言記録の方法を確認し、ミニ・ディベートをしよう 立論型ディベートをしよう | 結論と根拠の関係を考えて、ミニ・ディベートをしよう | 「メリット・デメリット方式」のディベート体験しよう 反論型のディベートをしよう | | | |
| 高学年 | 五年生 | あらすじ反論を考える | （立 質 (反)(反) 肯 ① ② ⑥ ⑧ 否 ③ ④ ⑤ ⑦） | 結論と根拠の関係を考え、ミニ・ディベートをしよう 主張に必要な資料を集めて、ミニ・ディベートをしよう | 資料を可視な限り集め、ミニ・ディベートをしよう 「メリット・デメリット方式」のディベートをしよう | 議論の争点を決めて、政策論争ディベートをしよう | ・相手の質問を受けて、反論ができる ・自分で課題を決め、ディベートの意義が主張できる ・相手の反論をもとに立論を修正することができる ・発言内容、資料の解釈、評価を根拠に、いろいろな話し合い討論をしよう | ・結論と理由の関係に気を付けて聞くことができる ・結論と根拠の関係を批判的に聞くことができる ・効果的な反論を評価しながら聞くことができる ・自分の意見に友達のよさを取り入れながら聞くことができる | ・相手・味方・中立の関係で学び、話し手、聞き手、判定、全ての立場が学べるような対話ができる ・どんな課題についても主体的、対話的に学習できる |
| | 六年生 | 結論や立場を選択する | 【注】 2は、否定側からの質疑、4は、肯定側からの質疑、5は、否定側の第1反駁、6は、肯定側の第1反駁、7は、6に対する否定側の第2反駁、8は、5に対する肯定側の第2反駁。 | 議論を振り返り、立論を修正して、結論を考えよう | 第2反駁まで含むディベートをしよう ディベートに付けた技術を生かして立論を修正しよう | 「学級ディベート大会」をしよう | | | |

## 1学期前半 話し合いの基礎をつくろう

1学期前半、子どもたちは、新しい学級での学習や人間関係に対して、大きな不安を抱いています。この不安を取り除くために、教師は子どもたち同士が対話を通して、お互いのよさに気付いたり、認め合ったりす

5　学級ディベート　主体的な学び手を育てる　129

る関係づくりの場面を設定します。話し合いを成立させるためには、子どもたち同士の横の関係性を構築していくことが欠かせないからです。「コミュニケーションゲーム」や「ほめ言葉のシャワー」、「質問タイム」などを取り入れ、子ども同士が認め合うことのできる風土を築き、安心感を創り出すことが大切です。

　学習面では、コミュニケーション能力を育てる上で欠かせない話し合いの指導をしていきます。話し合いの基礎となる**「意見を言う」「質問する」「説明し合う」**といった、根拠を伴う３つの技術を磨く経験を積むことが大切です。根拠の伴う意見や質問、反論をするためには、自分の意見の根拠をリサーチする力、相手の意見に質問するために傾聴する力、相手の意見に対して感情的にならずに反論する力などが必要になります。

　菊池氏は、月刊誌・教育技術１月号「菊池省三のアクティブ・ラーナーを育てる学級づくりと言葉かけ」（小学館）で、話し合うことの価値について、次のように述べています。

---

　**話し合いを通して、子どもたちは人と意見を区別する力を身につけ、自分の意見も他者の意見も大事にするようになるのです。個を大切にし、みんなで学び、よりよい集団へと成長する、これが話し合いの価値なのです。**

---

　この「意見を言う」「質問する」「説明し合う」の３つの力を習得するために、ディベート的な話し合いの学習ゲームを授業に取り入れることが最適です。その際、子どもたちと目的や進め方とルールの共有をすることが大切です。また、活動が終わったら振り返ることも重要です。

## ★学習ゲーム「反論でファイト」

　お互いに反論しながら２人で会話を続けていくゲームです。
## ○目的
・相手の話をしっかりと聞かないといけないため、会話の基礎となる聞

く力が付きます・瞬時に反論しないといけないため、論理的思考力を鍛えることができます。

○進め方とルール

❶2人組になります。

❷先攻が最初に言う台詞は、出だしのコメントを与えられます。

（例）「夏は暑くて嫌ですね」「大きな家に住みたいですね」「冬のマラソンは辛いですね」

❸それに対して、「そうですね。でも～」と反論します。

※必ず「そうですね」と相手の考えを受容することがポイントです。

❹そのコメントに対して、もう1人が「そうですね。でも～」と反論します。これを続けます。

❺制限時間まで続けます。次を言えなくなったら負けです。「参りました」と言って降参します。時間が残ったら、再度チャレンジします。

❻活動の振り返りをします。

## 1学期後半 「学級ディベート」をしよう

1学期後半には、ルールのある話し合いである「学級ディベート」を経験させるとよいでしょう。経験を通して、主張の仕方はどのようにすればよいか、質問の言い方、反論の仕方はどうすればよいのかなどの話し合うための技術を学んでいきます。また、「学級ディベート」を通して、考えが互いに広がったり深まったりすることの価値に気付いたり、話し合うことの楽しさや価値を味わったりできます。

## 「学級ディベート」試合フォーマット

「学級ディベート」の試合フォーマットの基本型は、以下の通りです。

---

❶肯定側立論（1分）

❷否定側質疑（1分）

❸否定側反論（反駁）（1分）

---

5 学級ディベート　主体的な学び手を育てる　131

❹否定側立論（1分）

❺肯定側質問（1分）

❻肯定側反論（反駁）（1分）

❼判定

※議論では後から発言する方が有利になるため、立論（主張）では肯定側が先に主張し、反論では否定側が先になります。

※全ての間に1分間の「作戦タイム」を設定します。

## 2 根拠を明確にした話し合いをしよう

### 「学級ディベート」をやってみよう

　私が勤めている市が1年間に処分するごみの量は、年々減ってきているそうです。そのことを示すグラフを授業で取り扱った時のことです。子どもたちから、「工夫すれば、わたしたちの市のごみの量をもっと減らすことができるのではないか」という意見が出ました。そこで、私から他の市町村の有料のごみ袋を使ったり、分別を何種類も細かく分類したりする、ごみの量を減らす工夫について、資料を示しながら紹介しました。話を聞く子どもたちは、工夫することによって、ごみの量を減らすことができることに大きな関心を示していました。子どもたちの生活にもつながるごみの問題は、子どもたちにとっても一人の市民として考えていかなければならない問題です。そこで、ルールのある話し合いである「学級ディベート」を通して、主体的・対話的で深い学びの実現をめざすことにしました。

### 学級ディベートの実際

　2017年度に取り組んだ実践をもとに、「学級ディベート」の実際を紹介します。

単元名
4年生7月社会科「くらしとごみ」

論題
「家庭ごみの回収は、有料化すべきである」

ねらい
ルールのある話し合いを通して、
・チームで協力することの大切さを学ぶ。
・話す力（主張する力・質問力）を高める
・聴く力（メモする力）を高める

### 根拠を伴った立論（主張）を準備しよう

　立論とは、ディベートの最初に行う主張のことです。これは、肯定側・否定側のチームがそれぞれ1回ずつ行います。

　肯定側は、論題を実行した場合に発生するメリット（重要性）を主張します。それに対して否定側は、論題を実行した場合に発生するデメリット（深刻性）を主張します。

　「学級ディベート」では、2つの立場に分かれて議論の判定を、互いの主張を客観的に捉えて第3者である審判が下します。そのため、肯定側・否定側ともに審判にどれだけ分かりやすく、「なぜ、そう言えるのか」という説得力のある根拠を示すことが重要になるのです。議論を組み立てる上で、「三角ロジック」を用いることで、自分の主観で解釈した印象で議論することがなくなり、中身のある話し合いの実現が可能となります。

　「三角ロジック」とは、筋の通った主張をつくる論理的思考力の基礎となる考え方です。かみ合った議論を行うためには、「結論」「データ」「理由づけ」の3つで議論を組み立てることが大切です。3つ

の要素については、次の通りです。

> **結　論**…自分や相手の言いたいこと、意見
> **データ**…事実、数値、一度証明された主張、客観的な事実
> **理由づけ**…主張とデータをつなぎ合わせる考え方、判断基準
> ※「データ」と「理由づけ」の2つを総称して「**根拠**」と呼ばれて
> 　います。

　説得力のある主張は、証拠となるデータ（アンケートの結果やインタ
ビュー結果、書籍やインターネットの資料など）と、その理由づけで決
まります。ただし、収集した情報は取捨選択して活用したり、引用した
りするように気をつけます。また、難しい言葉を相手が分かる言葉に置
き換えることも審判を納得させる主張をつくり出すために重要です。菊
池氏は、「勝敗は準備で8割決まります」と述べています。チームで協
力し、説得力のある立論づくりをすることの大切さを、子どもたちは
「学級ディベート」を通して学ぶことができるのです。
　1学期の「学級ディベート」の肯定側・否定側の立論では、それぞれ
次のような主張が出ました。

【肯定側立論】

・論題を実行して発生するメリットは、埋め立て地に埋めるごみの量が
　少なくなることです。短くなった鉛筆をキャップや装具を付けて使う
　ことによって、長く使うことができます。まとめると3Rのリユース
　ができます。その結果、ごみが減ると処理にかかるお金が少なくなり
　ます。

・論題を実行するメリットは、最終処分場を長く使えることです。イン
　ターネット資料では、ごみの量が減ると最終処分場が長く使えると書
　いてありました。最終処分場が長く使えることは重要です。また、ご
　みがたくさん出ると、自分たちがお金をたくさん払わないといけない
　から、ごみが減ります。インタビューした結果、「なるべく無駄なお金

を使いたくないからごみを減らしたい」とおっしゃっていました。

【否定側立論】

・論題を実行して発生するデメリットは、不法投棄が増えるということです。ごみを捨てることにお金を使いたくない人が、コンビニエンスストアや公園に捨てます。町にごみが増え、環境破壊につながります。また、収入の少ない貧しい人がごみを捨てることにも多くお金を使い、生活が苦しくなります。

## 質問し合って互いの意見を明確にし合おう

　質問の目的は、相手の立論がどのようにしてつくられているのか、その仕組みを確認することです。確認する内容は、次の3点です。

❶立論のメリット・デメリット

❷メリット・デメリットのラベル

❸道筋

※立論で聞き取ることができなかったことを質問します。立論の時に聞いていれば、わざわざ聞く必要はありません。また、相手の回答が途中であっても、自分に必要なことが聞けたら、次の質問をして構いません。

　質疑の時間に主導権を握っているのは、紛れもなく質問をする側です。質問することによって、相手の主張の弱さを明らかにすることや、自分と相手の考えをより深めることができます。このことから、質問は、「学級ディベート」の中でも、ゲームを有利に運ぶことができるものです。

　質問する力を高めることは、相手と対話する力を高めることにつながります。「学級ディベート」を通して、子どもたちに主体的に学ぶ技術を育てたいものです。

【質疑のやりとり例】

Q：もしも、捨てるしかない短い鉛筆は、どうしますか？

A：短い鉛筆に付けて使う装具を買うと、ごみを出す量が少しだけど減ります。

5　学級ディベート　主体的な学び手を育てる　135

Q：短くなった鉛筆が増えると、ごみが増えると思いますが、その場合
　はどうするのですか？

A：装具を付ければ、かなり小さくなるまで鉛筆を大切に使うことがで
　きます。だから、ごみの量を減らすことにつながります。

## 相手の意見に対して反論を述べ合おう

　反論とは、相手の主張が誤っていることを証明し、自分の主張を正当
化することです。お互いの主張を述べ合い、議論を深めていくには反論
が不可欠なのです。

　また、反論することは、互いの意見をつぶし合うことではありません。
肯定側と否定側が反論し合うことで、互いの主張を成長し合うことがで
きるのです。かみ合った議論を促すためには、相手の意見をフローシー
トにメモをし、相手の主張を引用して反論する技術を身につける必要が
あります。その際、反論のひな形となる「反論の四拍子」を使うことに
よって、子どもたちにとって難しい反論が容易になります。「反論の四拍
子」については、以下の通りです。

---

**①相手の主張を引用する【引用】**

「（肯定側／否定側）は、（メリット／デメリット）を…と述べました」

**②自分たちの主張を述べる【主張】**

「しかし、それは❶関係ありません／❷間違いです／❸認められま
せん　など」

**③根拠を示す【根拠】**

「なぜかというと、〜だからです」

**④もう一度、主張を繰り返す【結論】**

「だから、（肯定側／否定側）の言う…というメリット／デメリット
は、起こりません。わたしたちの主張する…というメリット／デメ
リットが起こるのです」

---

## 【「反論の四拍子」を使った反論例】

「肯定側は、市がごみを処理する時に使う税金が減ると言いましたが、それは認められません。なぜかというと、ごみの回収を有料化にすると貧しい家が困るからです。証拠資料を出します。インタビューしたところ、貧しい家庭がごみ回収のお金を払えなくなります。そうなると、生活がさらに苦しくなり、税金自体もその家庭が払えなくなります。だから、肯定側が主張するメリットは、実現できません」

### 「人と意見を区別」した判定を行おう

「学級ディベート」は、「審判を説得する討論ゲーム」です。そのため、審判は論題に対する自分の考えや主観で解釈したチームへの印象などで、判定することは許されません。審判という立場は、**価値語**（子どもたちの考え方や行動をプラスに導く言葉）でも有名な「**人と意見を区別する**」ことが求められます。客観的な立場に立ち、肯定側・否定側のどちらが、立論の内容・質疑でのやりとり・反論の内容などを総合的に見て、より優れた議論を展開したのはどちらかで判定を下します。

審判をする子どもたちは、フローシートに両者の主張や質疑・反論の内容などのメモを取り、判定の材料集めをします。判定を下す際は、必ず判定理由を述べるようにします。判定には、責任が伴うからです。その説明責任が伴うため、真剣に討論のやりとりのメモを取る姿が見られるのです。私は、「学級ディベート」の様子を見ていて、審判をより多く経験した子どもたちほど、聴く力やメモする力が向上したように感じています。

### ディベートを通して学んだこと

「学級ディベート」を終えて、「学級ディベートを通して学んだこと」について、白い黒板に取り組みました。出てきた意見は、次の通りです。

```
 ・他己中　・負けても勉強　・先読み力　・準備力
```

5　学級ディベート　主体的な学び手を育てる　137

| | | |
|---|---|---|
| ・話し合いの後は笑顔で握手 | ・判断力 | ・質問力 |
| ・チームの助け合い | ・無茶ぶりに素早く答える力 | ・自己責任 |
| ・30人の学び合い | ・人の話を聴く力 | ・時間を大切にする力 |
| ・出る声を出す声に | ・公にふさわしい態度で臨む | ・補い合う力 |

　など、他にもたくさんの言葉が黒板いっぱいに書かれました。子どもたちにとっても、学級ディベートを通してたくさんの学びがありました。

### 「学級ディベート」の経験を生かして

　菊池氏は、話し合いが成立する条件として、「**①根拠を明確にして、自分の考えをもつこと**」「**②相手の根拠を理解し、質問・反論すること**」「**③感情的にならず、話を進めることができること**」の3点を挙げています。これらの力は、「学級ディベート」を通して培うことのできる力です。2学期以降は、「学級ディベート」の経験を生かして「ディベート的な話し合い」も行い、子どもたちの話し合う力をさらに高めていきたいものです。

## 3 学級ディベートを通して主体的な学び手を育てよう

### 学級ディベートの経験を学びに生かす

　1学期に子どもたちは、「学級ディベート」を経験しました。「学級ディベート」を通して学んだことを「白い黒板」で振り返ると、多くの学びが見られました。

　「学級ディベート」を経験して子どもたちの学びに向かう姿勢に変化が見られるようになりました。それは、少しずつではありますが、教科書の中から答えを見つけたり、知識を得たりするだけの学びから、自分の体験や社会に目を向け、規模を拡大した学びへとシフトチェンジするようになっていきました。

特に、ディベート的な学び合いでは、子どもたちが対話的に主体的な学びをする姿が見られました。私は、子どもの意見に一人の人間として、「なるほどなあ」とか、「そんなふうに考えるのか」と考えさせられました。教師を超える子どもの姿がそこにありました。

ここでは、2017年度の学級で行ったディベート的な話し合いの2つを取り上げ、「学級ディベート」を通して学んだ力がどのように発揮されたのか、教室の事実で示します。

## 「正－反－合」の健全なディベート的な話し合いをめざす

菊池氏は、機関誌「白熱する教室13号」の中で、「ディベート、ディベート的な話し合い」について、次のように述べています。

> 勝ち負けを重視したディベートではなく、自分の立場を明確にしたルールのある話し合いの中で、他者への想像力はもちろん、お互いの情報の信憑性をゲームの中で徹底的に考えるトレーニングを通して、豊かな人間関係を育んでいこうとするものです。（中略）「正－反－合」、あるいは、対話を通して理解を深め合い、新たな気づき、発見に到達していく。そういった双方向のコミュニケーションこそが、今最も重要なのだと私は考えています。

また、苫野一徳氏は、著書「学校は、何をするところか？」（中村堂）やご講演の中で、「**これからの学びについて、一方的な授業ではなくて、教師と子どもが一緒に考えて、みんなで何かを見つけていくというように、教師は子どもと一緒に共同探究者になる**」ということを提案されています。「学級ディベート」やディベート的な話し合いは、教師も子どもと一緒に学び、「正－反－合」の学びの実現を可能にしていきます。そのためにも、教師である私たちは、教えるという立ち位置から、子どもの学びに寄り添い、能動的な学び手を育てる担い手に変わる必要があるのです。そして、子どもたちを公社会に役立つ人間、個の確立した集団、

5　学級ディベート　主体的な学び手を育てる　139

能動的な学び手に育てるゴールイメージをめざします。

### ディベート的な話し合い（道徳）「命の大切さ」（「ドラえもん」より）

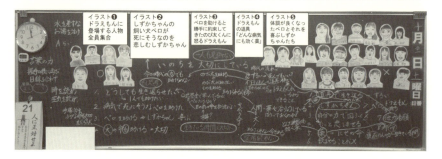

```
┌─────────────────────────────────────────┐
│  ディベート的な話し合いの流れ               │
│ ❶話題の共有                                │
│ ・お話のあらすじ紹介                        │
│ ❷話し合いのテーマ                          │
│ 「ドラえもん・のび太くん・しずかちゃんは、命を大切にしている │
│ といえるのか」                              │
│ ・立場を決める                              │
│ ・理由をノートに書く                        │
│ ❸○派　立論                                │
│ ❹×派　立論                                │
│ ❺×派　質問・反論                          │
│ ❻○派　質問・反論                          │
│ ❼学びの振り返り・成長ノートに書く・交流する │
│ ※❺❻で議論が白熱し、一授業時間では収まり切りませんでした。│
│ 　次の時間に成長ノートに記入する時間、交流する時間を設定しま │
│ 　した。                                    │
└─────────────────────────────────────────┘
```

　この授業は、2017年9月に高知県いの町で、菊池氏がされた内容を

追試したものです。題材は、漫画「ドラえもん」の単行本（第3巻）に掲載されている「ペロ！生きかえって」です。

★☆「ペロ！生きかえって」のあらすじ★☆

　しずかちゃんの飼っている犬のペロが、病気で死んでしまいました。あまりに悲しむしずかちゃんの姿を見て、のび太はペロを生き返らせることを約束してしまいます。ドラえもんにそのことを伝えると、無茶な約束だから断るようにと怒られます。のび太くんは、約束を果たすことが無理だとしずかちゃんに伝えに行きますが言い出しにくく、その場を逃げ出しそうになります。その時、ドラえもんがやってきて、「効かないこともある『どんな病気にも効く薬』」という道具を出します。そして、前日の晩にタイムマシンで行って、その薬をペロに飲ませることを提案します。無事にペロに薬を飲ませることができ、ペロは元気になりました。そして、しずかちゃんはとても喜びました。

### 価値観をぶつけ合う白熱した議論に

　この話し合いでは、自分の考えを相手に分かってもらうために、根拠を示しながら説明したり、相手の言葉を引用して話したりする姿が多く見られました。また、発言に困る子がいたら自然とフォローに回る子がいました。「命を大切にすること」について、それぞれの価値観をぶつけ合いながら、白熱した議論となりました。

### 考え続けることの楽しさを味わう

5　学級ディベート　主体的な学び手を育てる

| ディベート的な話し合いの流れ |
| --- |

❶話し合いのねらいの共有

・オリンピックについて

・マスコットの紹介

・選考基準について

❷話し合うテーマ

「2020年東京オリンピック・パラリンピックのマスコットキャラクターを投票しよう」

・立場を決める

・理由をノートに書く

❸グループごとに代表意見を3つにまとめる

❹少人数での話し合いで交流

❺3つのグループからの主張

❻質問・反論タイム

❼最終投票

❽学びの振り返り・成長ノートに書く→交流

　このディベート的な話し合いでは、それぞれの主張で特に説得力がある意見を3つに絞るという条件を与えました。なぜかというと、それぞれの主張を明確にし、話し合いを焦点化したかったからです。グループでの話し合いでは、「こちらの意見の方が分かりやすい」「この意見とこの意見をつなげるといいね」など、多くの人が納得できる意見に絞っていく様子が見られました。

　自由に立ち歩き、違う意見の友達と交流する時間の際は、黒板の前に行き、相手の主張を指さしながら話し合う姿や、相手の意見をメモする姿がたくさん見られました。

　全体での交流では、前に出てきて説明したり、国語辞典やニュースの情報など、様々な知識を結びつけて考えたりする姿など、学びの規模が拡大できているのを感じることができました。

最後の投票場面では、これまで全員で議論してきたことをもとに、自分の意思で投票を行いました。その結果、私の学級では、「選手や観客の安全を守る狛犬と狐であること」「炎のように熱いオリンピック・パラリンピックになってほしい」という理由で、Ｂのキャラクターを選びました。正式採用はＡになりましたが、子どもたちは、議論を通して納得解を見出すことができました。

### 「学級ディベート」が能動的な学び手を育てる

　右の図は、主体的な学び手を育てる「学級ディベート」の重要性を表したものです。公社会に役立つ人間、個の確立した集団、能動的な学び手をゴールイメージとするために、主体的・対話的で深い学びの実現をめざします。「学級ディベート」は、

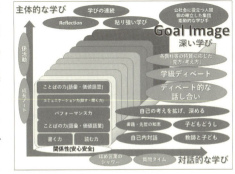

図の中に掲げる様々な要素をもった学びです。年間を見通して「学級ディベート」に取り組むことで、子どもたちの学びは必然的に主体的・対話的で深い学びになっていくと考えます。

　学級の子どもたちは、「学級ディベート」の経験を生かして、ディベート的な話し合いに取り組みました。際立っていた姿が３つあります。

　１つ目は、子どもたちの「三角ロジック」を使って自分の意見を述べる姿です。自分の主観で解釈した印象での発言がなくなるため、対話を通して深まっていく話し合いになりました。

　２つ目は、互いの考えを明確にするために質問をする姿です。そのためにも、相手の主張をメモして引用したり、自分の考えと関連させたりしながら対話をする様子が見られました。また、質問した側の子が、質問に答える子が話し終わるまで、立ったまま聞いていました。何気ないことですが、相手を大切にしながら互いに学ぼうとする姿でした。

3つ目は、話し合いを楽しむ姿です。「学級ディベート」を通して、友達との対話の楽しさ、考え学ぶことの楽しさなどを経験しています。これまで受け身な学びの姿勢を示していた子が、自ら発言したり、メモをとったりするなど、積極的な学びの姿勢を見せました。これは、間違いなく「学級ディベート」を通して主体的に学ぶ姿勢が育ったからです。

## 4 主体的・対話的で深い学びを実現する「学級ディベート」の可能性

### はじめに

　これまで「学級ディベート」の実際や「学級ディベート」を行うにあたってのポイントなどを示してきました。ここからは、「学級ディベート」を通して見られた成長の事実を示し、公社会に役立つ健全な個を育て、個が確立する学級集団に成長させていく「学級ディベート」の可能性について考えていきます。

### 新しい時代に必要な資質・能力

　中央審議会「次期学習指導要領改定に向けたこれまでの審議のまとめ」では、子どもたちに求められる資質・能力の三つの柱として、❶「知識・技能」、❷「思考力・判断力・表現力」、❸「学びに向かう力・人間性等」が示され

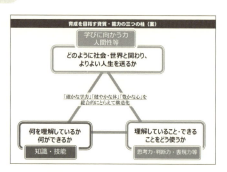

ています。特に、❸「学びに向かう力・人間性等」は、これから変化の激しい社会を生き抜くために、生涯学び続け、学びを更新し続ける力として求められています。また、持続可能な社会を築いていくために必要な他者と協働して知恵を絞ること、リーダーシップ、チームワーク、優

しさや思いやりといった人間性も求められています。子どもたち一人ひとりが、このような力を兼ね備えた「アクティブ・ラーナー（能動的な学習者）」になることが、これからの社会で求められているのです。

## 「学級ディベート」が生んだ成長の事実①

私は、2017年度に担任した4年生で「学級ディベート」を取り入れ、アクティブ・ラーナーの育成をめざしました。次の文章は、その時に担任したSさんが、5年生になってから自身の成長を実感したことを書いたものです。

> 「ディベートを通して成長したこと」
>
> 　私がディベートを通して成長したことは、3つあります。
>
> 　1つ目は、聴くことを大切にできるようになったことです。4年1組になるまでは、発表も苦手、聞くのも苦手で、何となく授業を受けていました。だけど、4年生になって、発表が苦手でも「聞く」を「聴く」にすることが大切ということを知った①からです。
>
> 　2つ目は、自分の考えをもつことができるようになったことです。私は、発表が苦手だけど、自分の意見をしっかりもって、友達の意見を聴くことができ②、不思議に思ったり、新しい考えにつなげたりできるようになったからです。
>
> 　3つ目は、相手のことを考えられるようになった③ことです。相手のことを考えて、体ごと相手に向けて聴くことができるようになったからです。

Sさんは、「学級ディベート」を経験することで、聴くことに価値を見出し、今も聴く力を高めようとしていることが分かります。私は、Sさんの作文から次のようなことを考えました。

下線①と③から、Sさんの聴くことに対する意識の変化を感じます。Sさんは真面目で、誰に対しても公平に優しく接することのできる女の

5　学級ディベート　主体的な学び手を育てる　145

子でした。担任した当初は、授業場面ではどちらかといえば、黒板を写すことに力点を置き、ノートをつくることに励む姿が多く見られました。しかし、Sさんは、1学期の終わり頃に「学級ディベート」を初めて経験しました。それから少しずつ友達の発言をノートにメモしたり、相手がどのような考えなのか、何を言いたいのかを考えたりするなど、聴き方に変化が見られるようになりました。また、自分と異なる意見を受け入れて学ぶ姿が多く見られるようになりました。作文からもSさんは、相手の話をよく聴き、相手のことを理解するといった対話の大切さ、お互いの意見の違いを尊重することの大切さを今も意識していることが分かります。

　中央教育審議会教育課程部会「次期学習指導要領等に向けたこれまでの審議のまとめ」の中で、「対話的な学び」について、「**子ども同士の協働**、教職員や地域の人との対話、先哲の考え方を手がかりに考えること等を通じ、**自己の考えを広げ深める**」ことが述べられています。下線②から、Sさんは今も「対話的な学び」を通して学び続けていると言えるでしょう。それは、「学級ディベート」の経験を通して、コミュニケーションの技術面と態度面を学ぶことができたからです。「学級ディベート」の技術は、コミュニケーション能力の総合力であると言われています。その主な力として、「意見（主張）する力」「質問する力」「反論する力」「チーム力」の4つが挙げられます。Sさんは、「学級ディベート」の大会に備えて、チームが勝てるように考えを事前に準備して、試合に臨んでいました。Sさんは、「学級ディベート」を通して、相手の主張と自分のチームの主張を比べながら聴き、互いの意見を明確にするために質問したり、議論を深めるために反論したりしてきました。反論することは、相手をつぶし合うことではなく、お互いの主張を成長させ合うことだと学びました。審判を経験することで、「人と意見を区別する」というものの見方、考え方も確立していきました。これらの経験が、今の主体的に学び続けるSさんへと成長させたと言えるでしょう。

## 学級ディベートが生んだ成長の事実②

　もう一つ紹介する文があります。こちらもSさんとともに「学級ディベート」を経験したKさんの文章です。何事にも積極的で、一所懸命に取り組むKさんです。授業中には、積極的に発言したり、話し合いの中心になって進めたりする姿が多く見られました。そのSさんも「学級ディベート」での学びを通して、自己を振り返り、次のようなことを書いています。

> 「ディベートを通して成長したこと」
>
> 　私がディベートを通して成長したことは、3つあります。
>
> 　1つ目は、さらに自分の考えを発表することができるようになったことです。私が考えた意見を発表する事で、他の友達の疑問を解決できたり、みんなのためになったりする①ことがあるからです。
>
> 　2つ目は、みんなで協力することができるようになったことです。4年生になるまでは、私は1人で突っ走ってしまっていたけど、ディベートを通して、みんなで協力し、その課題を解決しようとすることができるようになった②からです。みんなで協力することの大切さがわかりました。
>
> 　3つ目は、質問力が身についたことです。質問することによって相手の意見を高めることができます。質問する事によって、相手も成長できるし、私も成長できるからです。

　Kさんの文章から、「学級ディベート」を通して、相手を意識することの大切さと、協力することの大切さについて、大きな学びがあったことが分かります。

　下線①から、「学級ディベート」を経験することで、Kさんは相手に対する意識を高めることができたようです。「学級ディベート」は、「異なる意見をもつ人が、いかに自分たちの意見が正しいかどうかを説明し、

5　学級ディベート　主体的な学び手を育てる *147*

聴いている審判を納得させた方が勝ち」というルールのある話し合いです。子どもたちは、審判を納得させるために、チームが主張したい重要さや深刻さを分かりやすく説明する必要があります。そこで、大切になるのが「相手意識」です。相手の立場に立って、どのような言葉で伝えると分かりやすいのか、どのような話の構成で順序立てて話せばよいかなどを考えることが大切です。実際にKさんは、「show&tell（資料や具体物を見せながら話すこと）」やナンバリング、ラベリング、間をあけて話すこと、強調することなど、相手を意識した話し方の技術を磨く姿が見られました。お互いに成長し合うために、自分の意見も友達の意見も大切にしながらお互いに意見を出し合うことの価値を見出すこともできました。

　下線②から、他の人と協働して学ぶ「チーム力」の大切さに気づいたことが分かります。「学級ディベート」では、1チーム4人構成で試合を行います。その際、①チームの立論をする人、②相手チームの主張に質問する人、③相手チームの主張に反論する人、④相手チームからの質問に答える人の4つの役割を各自が責任をもって分担します。いくら1人が頑張ったとしても、他の誰かが責任を果たさなければ、チームは勝つことができません。例えば、質問、反論するためには、相手チームの主張する言葉に注目して、メモを取りながら聴く必要があります。もし、仲間が困ったり悩んだりした場合は、メモを手渡して助けたり、自分にできることを全うしたりするなど、チームのためにすかさず救いの手を差し伸べることも必要となります。Kさんは、「学級ディベート」を経験することで、協力することの真意を学ぶことができたと言えます。

## 学級ディベートの可能性

「学級ディベート」を取り入れることで、社会に生きる人間として必要な考える力を育てることができると私は考えています。

「学級ディベート」のもつ授業観は、これまでの知識重視、知識伝達の授業観ではなく、価値判断の質の高まりを重視する授業観です。実際に

「学級ディベート」を取り入れることで、子どもたちは学ぶことに興味や関心をもち、自ら課題について調べたり、他教科の学びとのつながりを見出したりします。自ら主体的に学ぶ姿が見られるようになりました。なぜかと言うと、1つの決められた「絶対解」を見つける学びではなく、議論を重ねながら「納得解」に迫っていく学びだからです。その学びの過程で子どもたちは考えること、学ぶことの楽しさを味わうことができるからです。

　また、「学級ディベート」は、中央審議会「次期学習指導要領改定に向けたこれまでの審議のまとめ」で示されている「育成すべき資質・能力の3つの柱」を子どもたちに育むことができる学びと言えます。なぜなら、「学級ディベート」を行うためには、基礎的リテラシー（各教科に関する個別の知識・技能）、認知スキル（協働的な問題解決に必要な思考力・判断力・表現力）、社会スキル（リーダーシップやチームワーク、思いやりなどの人間性）を総合的に活用し、議論しなければならないからです。

　このように、「学級ディベート」を経験することで、子どもたちを主体的な学び手に育てるとともに、個の確立した学級集団に成長できる可能性を大いにもっていると言えるのです。

5　学級ディベート　主体的な学び手を育てる　149

# 8つの視点 6 道徳教育
## 公社会に役立つ人間を育てる

中村　啓太（菊池道場栃木支部）

## 1 覚悟を決める！道徳教科化に向けた教師の在り方

### 必要だから行う「道徳教育」

2017年度2学期末に、6年生4人に道徳についてのインタビューをしました。

| | |
|---|---|
| 教師 | 道徳は好きですか？ |
| 全 | はい。好きです！大好きです！ |
| R児 | これで、道徳が広まるよね。 |
| 教師 | これまで以上に、道徳を35時間やらないといけなくなるけど、どう？ |
| A児 | やらなきゃいけないというのは変。自分からやろうと思わないと。 |
| R児 | 先生たちが義務的にやるんじゃなくて、最初はそれでもいいから、道徳は大切だなって思ってやってくれたら、授業したくなるし、やりがいがあります。 |
| A児 | 義務的に35時間ってなっても、それ以上に道徳をやりたいです。 |
| 教師 | 多くの先生は、一生懸命やろうとします。先生も道徳が好きだから勉強しているけど、そういう頑張ろうとする先生についてどう思う？ |
| O児 | すごくうれしいです。いろいろな子どもの先生になってほしいし、子どもたちにはそっちの方がいいと思う。道徳はすご |

> く大切なことだから、それを学べずに、終わるのは生きてい
> く上で困ると思います。
> T児　道徳ってやっぱり大事ですね。
> A児　生きる上で一番大切な授業。中学校の道徳が楽しみです。
> O児　道徳で自分たちは変われたと言ってもいいくらいですよ、先
> 　　　生。

　2018年度から「特別の教科　道徳」が始まるということもあり、大変注目されています。書店に行けば、道徳の書籍が多数並び、雑誌の特集に「道徳」が取り上げられることも多くなってきました。

　私は、子どもたちとのインタビューにあるように、「仕方なくの義務的な35時間」では、本来の道徳教育の魅力や可能性を見出せないと強く感じています。道徳の必要性や可能性を伝えていきたいと考えています。

　また、2018年1月に刊行した、「公社会に役立つ人間を育てる　菊池道場流　道徳教育」（中村堂）の執筆にも携わりました。道徳教育について、本気で考え、まとめられた1冊です。人間を育てるために、どれだけ道徳教育が必要となってくるかが書かれています。書籍と共に本章を読んでいただけると、教師も子どもも道徳が「大好き」になり、「道徳」に対するイメージも肯定的に変わっていくと思います。

## まずは、教育観をもつことが始まり

　私が道徳教育において、重要視しているのが、以下の5点です。

①心を育てることが教育活動の軸

②朝から帰りの会までが道徳教育

③道徳の授業が成立する環境

④人間関係や議論、対話の中で心の育成

⑤真剣勝負の45分授業

　道徳教育において、道徳の授業1時間1時間は非常に大きな意味をもっています。しかし、45分の授業を考える前に、私は教師として大切に

すべきことが他にあるのではないかと思うのです。それが、教育観、子ども観です。何を軸にし、何を土台に授業を行うかが重要なのです。真剣勝負の45分を支える4つの「観」について、説明していきます。

### ①心を育てることが教育活動の軸

「教室にドラマを」「教室に涙を」。これは、私が子どもたちに伝えている価値語です。教室に起こる「感動」は、子どもたちの心を豊かに、そして大きくすると信じています。きっと、こういった学級の子どもたちの多くは、「美しいものを美しい」と思える素直な心をもった子どもたちだと思います。教師が、心を育てるという軸があれば、教育活動（行事や授業、日常）に、道徳性が帯びていくのです。

### ②朝から帰りの会までが道徳教育

教育活動全体が道徳性を帯びると先ほど述べましたが、子ども自身が道徳性を意識するには、教師が教育活動全体をどう捉えていくかが重要です。「朝から帰りの会」まで、全てが道徳教育であるという捉えです。

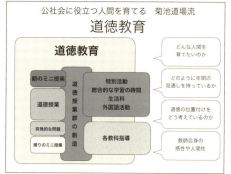

多くの先生方は、朝の会に1分間スピーチや帰りの会に友達とほめ合う活動を入れるなど、何か日常的に実践しています。その一つ一つの日々の活動に、「子どもの心を育てる」「子どもの変容を認めていく」という視点をもつことで、道徳の授業という狭い見方ではなく、道徳教育という大きな枠組みで、子どもを育てていけるのです。

### ③道徳の授業が成立する環境

菊池省三氏のセミナーに参加した際、強く心に残った言葉があります。「知的で、無邪気でほんわかとした学級を目指したい」という言葉でした。道徳教育の視点に立って、私はこの言葉をこのように、解釈しました。

知的…心が学びたいという状態。

　無邪気…心が開かれている状態。

　ほんわか…心が柔軟な状態。

　つまり、このような学級では、柔軟で、開かれた心が、学びたいと叫んでいる状態にあると捉えたのです。こういった、心の状態が教室の空気となり、道徳の授業が効果的になっていくと感じています。

④人間関係や議論、対話の中で心を育成

　ぎくしゃくした人間関係の中で、子どもの心がどうなっていくか、想像がつくと思います。私は、良好な人間関係の中で、議論や対話を繰り返すことで、新しいものの見方や考え方を知り、新しい自分と出会うことができると実感しています。だからこそ、言葉やコミュニケーション、肯定的な見方を軸に、関係性を育てていきます。そういった関係性をもった子ども同士は、白熱した議論ができ、相手に寄り添った対話ができ、その中で心を育てていけるのだと思うのです。

⑤真剣勝負の45分授業

　土台となる学級づくりを大切にしながら、授業で道徳性を育てていきます。私が思う真剣勝負というのは、「教師と子どもが一人の人間として学び合う」、「授業の中で本気で道徳性を育てる」ということです。子どもの心に火をつけたいのであれば、教師自身の心に火がついているかが大切です。本気の教師の授業は、本気の子どもを生み出します。

### 年間を見通した道徳教育

　道徳性の育っていない学級や子どもを「しんどい学級」「問題児」と捉えるのではなく、見通しをもって育てていきたいと考えています。「成長の授業」として提案されている11の実践をうまく学級になじませながら、焦ることなくじわじわと心を育てていくことが大切です。

　1学期は、「道徳性を浸透させていく時期」と捉えています。学級の中で、価値ある瞬間を切り取り、子どもたちに伝えていきます。

　ディベートで、悔し涙を流す友達の、頭をトントンする女の子。友達

6　道徳教育　公社会に役立つ人間を育てる　153

『公社会に役立つ人間を育てる道徳教育』のための年間を見通した取り組み　　　栃木支部　中村　啓太

| 1年間を見通した道徳性の育ち | 1学期（4〜7月）道徳性を学級や個に浸透させていく時期 | | 2学期（8〜12月）あらゆるものに道徳性が生まれ始める時期 | 3学期（1〜3月）道徳性を軸に行動選択していく時期 | その先 |
|---|---|---|---|---|---|
| 4月　子どもや学級の様子 | 成長の授業11の指導 | その他の指導 | | 3月　子どもや学級の様子 | 自分で自分を育てていける　自分らしさを発揮できる　社会に役立つことのできる　美しいものを美しいと思える　人から愛される個の確立 |
| 人に関心がない | ①質問タイム | まねるは学ぶのミニ授業・コミュニケーションゲーム | | 友達を理解し、大好きと言える | |
| 学習が成立しない | ②黒板の5分の1 | 当たり前100・「整える」と「調える」100 | | 授業の中に道徳性を見出せる | |
| 群れている学級 | ③白い黒板 | 群れと集団のミニ授業・集団と個の授業・全員発言 | | 学習や行事に全員参加できる | |
| かたく・冷たい空気 | ④対話・話し合い | 自由な立ち歩き・黒板の開放・拍手を増やす | | 動きのある教室・柔らかい空気 | |
| 衝突が絶えない | ⑤ディベート | ルールとマナーの授業・ディベート的な討論会 | | お互いを成長させ合える | |
| 低学力・学力差 | ⑥学力の基礎・基本 | 自主学習・私の本・100マス計算・多読・○○の鬼 | | 圧倒的な学習量の確立 | |
| 個性が生かされない | ⑦係活動 | 1人1人の意見を大切にした授業・良さを貯金 | | 自分らしさが発揮できる | |
| 不安定な人間関係 | ⑧ほめ言葉のシャワー | ハイタッチ・教室はまちがうところの授業 | | 自信と安心感のある教室 | |
| 言葉で人が傷つく | ⑨価値語指導 | 言葉の授業・教室にあふれさせたい、なくしたい言葉 | | 言葉が人を育てる | |
| 教師に対する不信感 | ⑩成長ノート | 教師の朱書き・座談会・ふりかえりの時間の確保 | | 自らを俯瞰し成長しようとする | |
| 何となく生活している | ⑪成長年表 | 成長掲示・行事ごとのスローガン・教室は成長する所 | | 日常に非日常の意識がもてる | |

『成長の授業』が道徳教育そのものであり、1つ1つが道徳の授業であるという意識（①〜⑪の実践は成長の授業を支える指導）
道徳性のある学級集団で行う、実践や指導、道徳授業は、子どもの人格形成を加速させる！！だからこそ、学級の土壌を耕し、空気を柔らかくすることが重要である。

をなぐさめる優しい２人を紹介することで、学級の中に新しい価値観が浸透していきます。１学期は、積極的に子どもの姿を価値付け、共有していくことがポイントです。

　２学期は、「**あらゆるものに道徳性が生まれ始める時期**」と捉えています。集団の中で「個」が育つという意識を大切にしながら、11の実践の中で、ドラマやエピソードが生まれ始めます。子どもたちに、成長ノートの中で「６年１組はなぜ白熱できたのか」など、行動の内側にある不可視の部分を考えさせることで、内面や変容を自分たちの成長に引き寄せることができるようになっていきます。

　３学期は、「**道徳性を軸に行動選択していく時期**」と捉えています。これまで、学んできたことを軸に考動（考えて動く）し始めます。自分で出した答えを信じて、動き出します。

自由清掃の時間に、トイレ清掃に行った３人（男子１名　女子２名）は、それぞれが分かれて清掃するのではなく、一緒に男子トイレを清掃し始めました。美しい姿やかっこいい姿を自分の中にもち、行動選択した姿でした。１学期には見られない、<u>圧倒的な行動力は、この時期までにどれだけ、教師や友達から感化されてきたか</u>が重要だと感じています。

### 勝負の１時間

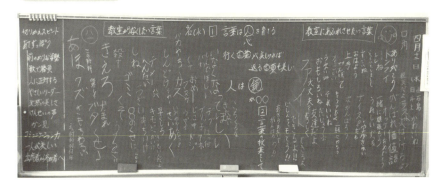

発問一　「言葉は〇を育てる」、〇の中にどんな言葉が入るか。
　活動１　ノートに書く。
　活動２　近くの人と交流する。
発問二　「言葉は人を育てる」と思うか。〇か×か。
　活動１　〇か×かを決める。
　活動２　理由を書く。
　活動３　理由を発表する。
発問三　「教室になくしたい言葉」と「教室にあふれさせたい言葉」にはどんなものがあるか。
　活動１　ノートに書く。
　活動２　３つ書けたら先生に見せに行く。
　活動３　黒板に自分の言葉を書く。
発問四　黒板を見て、感じたことは何ですか。

6　道徳教育　公社会に役立つ人間を育てる　155

○先生の好きな言葉を紹介する
「行く言葉が美しければ、返る言葉も美しい」「人は鏡」
○授業の感想を書く。
○感想を発表する。

　授業の始まりに、子どもたちに「みんなは道徳が好きですか？（反応をうかがう）先生は道徳が大好きです。（満面の笑みで）道徳を1年間大切にするから、みんなにも道徳を好きになってもらいたいし、大切にしてほしいです」と伝えて、授業をスタートしました。

　始業式翌日に進級して初めて行った道徳の授業が「言葉の授業」でした。道徳開きの1時間として、私が子どもに伝えたかったのが、以下の4点です。

①**教師が本気だということ。**
②**言葉には、人を成長させる力があること。**
③**前日のリセットをより強くすること。**
④**道徳の授業が面白いかもしれないと期待させること。**

　そして、授業の最後に一言子どもたちに言葉をかけました。

先生は、本気で君たちの心を育てます。道徳の時間を一番大切にしています。先生もみんなと一緒に、心を磨いていきます。よろしくね。

　道徳教育は、朝から帰りの会までのすべての時間と述べましたが、やはり道徳の時間45分を真剣勝負していくことや成長の大きなきっかけにしていくことを感じさせることも重要です。授業開きの45分、子どもと共に、1年間自分自身の心と向き合い、成長させていくという決意をしてみませんか。

## 2 道徳の授業レベルを高めるために

### 道徳の授業を磨くために

　私が、道徳の授業に力を入れ始めたのは、教師になって3年目の頃です。きっかけは、道徳への苦手意識と「心と言葉」の重要性を強く感じたからです。子どもが退屈そうな授業、手ごたえを感じない授業、どうしていいか分からないモヤモヤ感を自分の道徳授業に感じていました。

　積極的に書籍を読み、公開授業の案内があれば、県外にも足を運びました。そこでたくさんの素敵な授業や手法に出会い、自分もそんな道徳授業ができるようになりたいと強く思うようになりました。きらきらとした瞳、前のめりな姿勢、全員が本気で考える姿に、「主体的に授業に取り組む子どもの姿」を感じ、「道徳の授業が好き」と言ってもらえるような、授業を目指すことを決意しました。

　2018年5月12日、菊池道場山形支部の勉強会（第2回次世代セミナー）で、講師として道徳の「模擬授業」をさせていただく機会をいただきました。模擬授業終了後、参加された先生方から、こんな言葉をいただきました。「先生が楽しそう」「パフォーマンスの重要性を感じました」「切り返しが素晴らしい」

　もう一度、自分自身の道徳授業を振り返りました。

① 「先生が楽しそう」はなぜ？

　まず、教師自身が授業を楽しむことが大切です。授業の準備はするけれど、その準備はあくまで準備で、子どもと創り上げるという感覚を大事にしています。想定外や予想外をチャンスと捉える感覚が、楽しいという感情を生むのだと思います。

② 「パフォーマンスの重要性を感じました」はなぜ？

　私は授業中、学級の中の空気感がとても大切だと考えています。1秒でも早く「柔らかい空気」に。授業の後半、学びへの集中力が高まり、「程よい緊張感のある空気」に。こういった、「緊張と緩和」の空気感を

6　道徳教育　公社会に役立つ人間を育てる　157

創るのが、教師のパフォーマンスです。特に、教師の言葉かけが空気創りに大きな影響を及ぼします。言葉かけに特化した、授業の振り返りをしながら、どんな言葉かけが有効かを考えていくことで、教師のパフォーマンス力も高まっていくのではないでしょうか。

③ 「切り返しが素晴らしい」はなぜ？

切り返しは、教師の授業コーディネートの一つです。子どもが意見を言ったあと、どんな言葉をかけるのか、常に頭を回転させています。

子どもと創る授業を目指すのであれば、意見を切り返しながら、授業を動かしていく必要があります。「道徳は生き物」という意識をもって、授業中教師自身も子どもと一緒に、考え続けているのだと思います。

## 「切る」と「引く」

山形で行われた次世代セミナーの翌日、福島支部の勉強会に参加させていただきました。内容は、「千葉支部長の古舘良純先生の飛込授業の映像をストップモーションで学ぶ」というものでした。

飛び込み授業にも関わらず、古舘先生の圧倒的なパフォーマンス力が、教室の空気をどんどん柔らかくし、気になる子どもたちがどんどん活躍していく圧巻の授業でした。教師の圧倒的な観察力と人間性がパフォーマンスや言葉かけに宿り、45分で教室や一人ひとりの内側が変容していくのを感じました。

授業の最後には、担任の先生に「早く道徳やりたい」とつぶやく子どもまで現れました。地上戦で道徳教育に取り組む、古舘先生に私だけでなく、多くの勉強会に参加した先生方も感激されていました。「一本のチューリップ」授業でした。【「道徳教育」（中村堂）103ページに授業展開が記載】授業終盤に、行動選択能力を問う場面がありました。

「花子さんはどうすればよかったのか？」

この問いに対して、「自分で育てたチューリップを渡す」や「先生に許可をもらう」など、これまでの生活体験や議論を通して学んだことを、現時点での自分の中のベストな行動を発表していました。私の中で、最

も印象に残る場面がここでした。

　ある男の子のノートに書かれた意見を隣の友達が発表した瞬間でした。

先生！「盗む」と書かれています。

「盗む」という意見はあまりに道徳性に欠けた意見でした。自分が授業をしていて、この意見が出たらどうするだろうと考えました。

　この場面、「何を言ってるの？」とばっさり「切る」こともできます。「何を言っているのこの子は…」と「引く」こともできます。しかし、本当にそれでいいのでしょうか？子どもの一見、質の低い意見をその子の背景も知らずに、経緯も知らずに安易に失敗感を与える教師の関わりは危険だと思います。私は、こういった想定外やとんちんかんこそ、チャンスだと思うのです。

## 「切る」から「○○へ」

　私は福島での勉強会で２つのアプローチの重要性を感じました。

---

①切り返す⇒引き出す
②切り取る⇒引き上げる

---

①切り返す⇒引き出す

> 　「本当に盗むなのかな？○○さんは、おばあちゃんのために、チューリップを持って帰ったんだよね？ただの盗むとは違う気がするんだけど、どう思う？」

　このように、言葉に表れないプラスな気持ちを引き出すことができるのではないでしょうか。

　心の奥に隠れていた、優しい気持ちや純粋な気持ちを素直に**表出させてあげる**ことも、教師として大切なアプローチだと考えています。マイナスなものをプラスに。プラスなものをよりプラスに。こういった、教

6　道徳教育　公社会に役立つ人間を育てる *159*

❶価値語

❷成長ノート

❸ほめ言葉のシャワー

❹話し合い活動

❺学級ディベート

❻道徳教育

❼圧倒的な学習量

❽主体的・対話的で深い学び

師の見方や捉え方が、子どもたちの心を成長させていくのだと思います。

また、個に返すのではなく、「みんなはどう思う？」と全体に返すことで、さらなる教育効果が期待できます。「何言ってんだよ。あいつ！」という認識から、「きっとこういうことだろう」という、相手への温かい想像力が芽生えるのだと思います。引き出し合うことで、健全な学級集団へと成長していくのです。

②切り取る⇒引き上げる

> 「盗むという言葉は、悪い言葉だけれど、〇〇さんは勝手に持って帰ることを悪いと思っているんだね。それを分かった上で、盗むということは、それだけおばあちゃんに届けたいという思いが強いんですね。めちゃくちゃ優しいですね。拍手！！」

このように、マイナスな現象や気持ちではなく、プラスな面にスポットを当てることで、その子の意見やその子自身を引き上げることができるのではないでしょうか。

「やっぱりあいつは…」という教師の見方は、子どもたちにも伝わります。教室の中に巻き起こしたい「逆転現象」は、教師のこういった、スポットの当て方が重要だと考えます。

どこを見るか。何を見るか。どこを切り取るか。何を切り取るか。特に、道徳の中では、言葉や行動の内側にある気持ちを**表出してあげる**ことにも、こだわっていきたいと思っています。

これらの「切り返す」「切り取る」というアプローチは、前述した、「1学期は道徳性を浸透させていく時期」という部分に大きく関わっています。2学期以降の「あらゆるものに道徳性が生まれ始める時期」へとつないでいくための、アプローチです。

道徳性を浸透させていくために、教師が子どもの心の中のプラスな気持ちや友達だけでなく、自分自身も気づかなかった価値を引き出し、引き上げることが、この時期大切にしたいことです。

160

## 切り返しや引き出すは日常の中から

　自分もそうでしたが「切り返し」や「引き出す」ことは、すごく難しいというイメージでした。教師のコーディネートの一つとして、指導技術の要素が強いイメージですが、私は菊池実践に出会い、「切り返し」や「引き出す」ことが得意になったように思います。

　それは、経験を積んでスキルが上がったというよりも、教師としての子どもを見る目が変わったことが大きいと思います。

　例えば、右の写真を見てみなさんはどう感じますか。「椅子に足をのせている」「机に座っている」「なんてひどい姿勢だ！」と見ますか？それとも、「前のめりに学習に向かっている」「友達との距離が近くていいな」「それほど熱中しているのだな」と見ますか？

　私は、後者の見方をします。このように、日常の中にも「切り取り方で引き出したり、引き上げたりすることができる」ということです。

　日常の中でこうした見方をすること自体が、教師としての指導技術をごく自然に身につけ、感覚を養っているのです。「美点凝視」や「観察力」こそ、道徳授業の要になるのです。

## 授業レベルを高めるためにやってみよう

① 授業動画を録画し、目的をもって振り返る（パフォーマンス、言葉かけ、教師の動きなど）
② 授業中に小さなチャレンジをする（対話の回数を増やしてみよう、空気づくりに時間をかけてみよう）
③ 日常の中で、観察力を磨く

## もし思考や行動選択能力に特化した授業

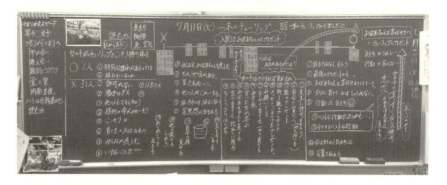

> **発問一** 女の子が学級で育てているチューリップをこっそり持ち帰りました。〇か×か。
>
> 活動1 〇か×かを決める。
> 活動2 理由を書く。
> 活動3 理由を発表する。
>
> **発問二** 入院したおばあちゃんへのプレゼントでした。〇か×か。
>
> 活動1 〇か×かを決める。
> 活動2 理由を書く。
> 活動3 理由を発表する。
>
> **ゆさぶり**
> ①喜ばせたいという想いをどう考える？
> ②本当におばあちゃんは喜ぶのか？
>
> **発問三** 女の子はどうすればよかったのか。
>
> 活動1 ノートに書く。
> 活動2 立ち歩いて交流。
> 活動3 意見を発表する。
>
> **発問四** 一本のチューリップから学んだことは何ですか？
> 〇授業の感想を書く。〇感想を発表する。

この資料は、全学年で行える資料です。話もシンプルで、子どもたちの意思決定や考えを議論する上で、扱いやすいです。また、以下の点を大切にしています。

> ①もし思考と読む力を身につけさせる
> ② 15 分× 3 パックの授業構成
> ③議論の経験をさせる
> ④行動選択の経験をさせる

①もし思考と読む力を身につけさせる

「もしかして…」と思考することで、子どもたちに、物語の先や気持ち、空気を読む大切さを価値付けることができます。

② 15 分× 3 パックの授業構成

発問一では、空気づくりや学びに向かう土台作りを大切にします。発問二では、議論を通して、価値を広げ、思考の幅を大きくしていきます。発問三では、行動選択させる中で、価値を深め、自分のこととして考えさせます。

③議論の経験をさせる

二項対立させるが、どちらが正しいかではなく、お互いの立場の理由に触れることで、新たな価値観やより強い自分自身の価値基準を生み出させます。

④行動選択の経験をさせる

道徳教育の目指す、選択能力を高め、価値規準の質を高めていくようにします。

6　道徳教育　公社会に役立つ人間を育てる　163

## 3 子どもの道徳性を高める授業と事実

> 道徳性が高まると生活が変わる

　圧倒的なマイナスで始まった2018年度の4年生は、休み時間から帰ってくると、トラブルの報告やけんかの仲裁、友達の愚痴を聞くことも多くありました。また、清掃に取り組む姿勢も悪く、目立ったことにしか興味を示さない子どもが多くいました。授業中は、学ぶことへの意欲を失い、死んだ魚のような目をしていました。圧倒的なマイナスとここではあえて書きましたが、子どもに責任はないと私は感じていました。
**「どの子も必ず成長する」「信じて待とう」**と教師が子どもを見ることができるかが重要ですが、何もせずに成長はしません。私は、道徳性を一つの軸としてもっています。これは、道徳教育を軸にしながら、子どもたちを成長の道へと導いていけると考えているからです。
　2枚の写真から子どもの道徳性の変容を切り取り、日常の中に道徳性が帯びてくることを共感していただけたらと思います。

　1枚目（左の写真）は、休み時間にクラス全員で「なべなべ底抜け」で遊んでいる写真です。
　手を取り合い、異性を取り合っていました。子どもたちのルールでは、取られた子は異性の間に入るというものでした。**「お互いを大切にする」「男女のつながりを大切にする」**という道徳性が養われてきたからこそ、男女がこういった遊びに楽しさを見出すことができたのではないでしょ

うか。

2枚目（左ページ右の写真）は、学期末の大掃除の様子です。

一番人気のある掃除が「ベランダ掃除」でした。子どもたちにインタビューして分かったことですが、最も汚れがひどい場所だから選んだと言っていました。人が嫌がる場所。汚れのひどい場所。目立たない場所を清掃する子どもたちは、**「陰の努力を大切にする」「目立たない場所に価値がある」**という道徳性が養われていたからこそ、汚れた場所に膝をついて、一生懸命に働くことを楽しんでいたのだと思います。

このように、道徳性が高まってくると、日常にある様々なことに、**「楽しさ」**を見出すことができるようになるのです。道徳性を高めることは、生活を豊かにし、人と関わり合うことや人の役に立つことに**「楽しみ」**を見出すことができるのです。

子どもたちの生活に目を向けてみると、道徳性の変容が浮かび上がってきます。授業中に道徳性を高めるだけでなく、**生活の中で心を使わせることや心をはたらかせる経験**を通して、道徳性は成長していくのです。

## 授業分析から見えてきた　9のポイント

前のページで、子どもの変容を示しましたが、今年度の夏休みにじっくり1学期の道徳11時間を分析してみました。その中で、子どもの**道徳性を養う9のポイント**を見つけることができました。

| | |
|---|---|
| ①立場を決定させる | ②学び方を学ばせる |
| ③分かり切ったことを覆す | ④少数派の意見を大切にする |
| ⑤気づきを生み出す板書 | ⑥導入の意味 |
| ⑦心の土台を高める | ⑧ダイナミックな授業 |
| ⑨強い思いを生む | |

①立場を決定させる

私は「AかBか。〇か×か」というような二項対立する問いで、子ど

6　道徳教育　公社会に役立つ人間を育てる　165

もたちに立場決定の場を設けています。授業が**全員参加**になりやすく、立場決定の後の**理由や根拠に自分らしさ**が出てきます。

### ②学び方を学ばせる

　前述の「一本のチューリップ」の授業実践にも書きましたが、道徳の授業そのものが「学び方を学ばせる」授業という意識をもつことも大切です。**道徳の授業を支える言葉や価値観を学ばせていく**のです。

---

　　・もし思考　・対話　・未来志向　・いさぎよさ
　　・クッション言葉　・一人が美しい　・聴く

---

### ③分かり切ったことを覆す

　教師の求める答えや当たり前を問うような授業を繰り返していては、子どもの道徳性は高まっていきません。だからこそ、分かり切ったことや当たり前を覆すような問いを投げかけていきます。道徳性の低いものは高く、高いものは低く教師が取り上げ、揺さぶることで子どもは本当の〇〇という「もと」について本気で考えていくことができるのです。

### ④少数派の意見を大切にする

　多数派に流されず、自分の考えを表出できる心の強さはとても重要なことです。また、道徳において、少数派の意見は子どもの本音が語られることが多く、自身の生き方を考えるきっかけになることが多いです。だからこそ、少数派の意見を大切にしながら、議論を繰り返し、自分の考えを再構築させていくことを大切にしていくのです。

### ⑤気づきを生み出す板書

　黒板をスケッチブックの感覚で使っています。横型板書のメリットを自由度の高さと臨機応変に修正可能という点で取り入れています。また、左右での対比と、上下で価値の高さを示すことができるため、子どもたちにとって分かりやすい板書になりやすいと考えています。イメージ図や色といった、言葉にできないものを可視化することができ、そこから新たな気づきが生まれることがあります。

⑥導入の意味

　15分×3パックの授業構成について以前に紹介しましたが、私は授業前半の15分を大切にしています。導入の15分を学びに向かう土台づくりと捉え、下記に記したことを大切にしながら15分を創っています。

---
・子どもの心に火をつけること。　・学ぶ必然性を生み出すこと。
・教室を柔らかい空気にすること。　・問いや疑問を子どもと創ること。
---

⑦心の土台を高める

　どんな次元で議論しているのか。どんな次元で自分の意見を発表しているのかを考えながら授業をしています。この行為はよいか悪いかという議論なのか。それとも、悪いのは分かっているが、「してしまう」のか「しないのか」という議論なのか。子どもの道徳性が高まるにつれ、心の土台が高まり、低い次元での議論から高い次元での議論へと進化していきます。心の土台が高まってきたとき、立ち止まり、「みんな成長したね」と語りかけてみるのもよいのではないでしょうか。

⑧ダイナミックな授業

　役割演技。立ち歩き。拍手。自由なつぶやき。これらは、子どもの思考を促すために必要な動きだと考えています。体を動かすことで、頭や心が動きます。2018年7月の授業で、黒板の開放で生まれた意見でした（右の写真）。友達と意見や考え方が違うとき、どうすればよいかという問いにある男の子が書いた意見でした。

「相手とうまくいかなければ他の道に進み、うまくいくところまで探し続ければいい。分かり合うためには、自分が変わり続けることが大切」と語ってくれました。ダイナミックな動きを大切にした授業では、教室全体の思考もダイナミックになっていくのです。

⑨強い思いを生む

　AかBか。○か×か。という二項対立の議論は、「思いやりか規範意識か」というような、安易な価値項目のぶつかり合いになりかねないと感じています。どちらが正解かを戦わせることが目的ではなく、議論を通して自分の中に強い考えや疑問を生み出すことが大切です。授業の最後に、「絶対に」「やっぱり」「どうしても」こういった個の学びがあれば、道徳性は高まったと言えるのだと思います。

### ミニ授業と 2017 年度の卒業生 F さんの私の本

　2学期、関係性が豊かになり、集団として成長して、あらゆるものに道徳性が生まれ始めます。「成長曲線を上向きにするために大切なのは、『個の力』か『集団の力』か」というミニ授業を行いました。

　今の自分や学級を見つめ、成長のきっかけを生み出したいという考えから行いました。授業後に、Fさんは「私の本」（家庭版成長ノート）の中で、クラスのよいところを 100 個書いてきました。その中で、いくつか成長のヒントとなる言葉がありました。

> ・人の成長を自分の成長にできる。
> ・一人ひとりに強い軸がある。
> ・「今」を受け入れて進んでいる。
> ・みんなが育て合い、成長し合っている。
> ・成長しないのはもったいないと思える。
> ・成長の階段を自分で作っている。
> ・水性じゃなくて、油性。（ちょっとしたことで、落ちない）

　道徳性は、単に友情や誠実さなどの理解が深まるのではなく、成長するための力や他者と関わり合う内側のエネルギーだと感じています。だからこそ、頭でっかちではなく、心でっかちをめざしているのです。

## 個の力と集団の力について考える２学期

発問一　今の自分たちは、個と集団のどちらを大切にすべきか。個か集団か。
　活動１　個か集団を決める。
　活動２　理由を書く。
　活動３　理由を発表する。

発問二　個人総合での金メダルと団体種目での金メダル。価値があるのはどちらか。
　活動１　個人か団体かを決める。
　活動２　理由を書く。
　活動３　理由を発表する。

ゆさぶり
　①頼ると支え合うは違うのか？
　②一人の努力と五人の努力、どちらが大きいのか？

発問三　集団の中で自分はどんな「個」である必要があるのか。
　活動１　ノートに書く。
　活動２　立ち歩いて交流。
　活動３　意見を発表する。

発問四　個の中の集団と集団の中の個について意見を書こう。
○授業の感想を書く。○感想を発表する。

この自作資料は、「個の力と集団の力」について、2つのことを考える目的で行いました。

①集団の力と個の力の重要性を再確認。
②「今」の私たちは、個の力と集団の力のどちらを大切にしていくべきなのか。

①集団の力と個の力の重要性の再確認

ここまで、仲間に支えられ成長してきた子どもたちは、集団を甘えや頼るといった「群れ」ではないことを理解していました。強い個の集まりが集団であることを確認し合い、**集団の中の一人としての意識**を強くしました。また、個の力を高めるためには、仲間の存在が重要だと感じていました。お互いの成長が刺激となることを理解した子どもたちは、**自分が成長することが仲間の役に立つ**ことに気づいていました。

②どちらを大切にすべきか

答えは、自分の中にあることに気づいた子どもたちは、自分の中に答えを見出していました。「何を大切にするのか」。答えはバラバラでも、「成長するために」という原点は同じようでした。成長のエネルギーとなる道徳性を高めていきましょう。

## 4 学びに向かう人間性を軸にした道徳教育の可能性

### 学びに向かう力・人間性を高めることで

新学習指導要領の中に育成すべき資質・能力の3つの柱が示されています。これからの社会に求められる資質・能力を確立するためのものであり、現代の教育界が抱える問題をプラスに転じていく、教育観だと感じています。特に、教育現場にいる教員は日常的に起こる問題に「どうしたらよいのか」「自分の教育は間違っているのか」とネガティブになっ

てしまうことも少なくありません。私も、学級担任をする中で、子どもの問題行動に頭を悩ますことも多くあります。

そんな時、いつも立ち返るのが、子どもたちの**「心を育てよう」**ということです。つまり、人間性を高める教育を実践していくということです。私は、教育活動の軸に「学びに向かう力・人間性」を置きながら、あらゆる教授行為や授業づくりを行っています。

①知識・技能
②思考力・判断力・表現力
③学びに向かう力・人間性

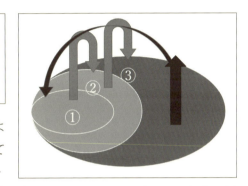

私は、3つの力を右の図のように捉えて、教育活動を行っています。③の学びに向かう力・人間性を高めることで、①も②も高まっていくことを示しています。何が一番大切かということではなく、**人間性を高めることが授業の質や対話の質を、そして行動選択の質を高める**ということです。人間性の育成を重視した教室の事実をいくつか示しながら、私の考えを説明していこうと思います。

### 授業に道徳性が帯び始める

<u>「朝から帰りの会までのすべてが道徳教育である」</u>と書いたように、道徳の授業だけが、人間性を育てるというわけではないことは皆さんもお気づきだと思います。どんな教科の授業の中でも、人間性を高めることができると考えています。また、授業や日常の些細な場面の中に自然と道徳性を帯びた意見や考え、行動が飛び出すのです。

### 課題を自分なりに解釈し始める

2018年度の4年生の算数「概数」の授業で、見積もりの出し方の授

6 道徳教育　公社会に役立つ人間を育てる　171

業を行いました。3人の見積もりの出し方を比較しながら、見積もりの出し方を自分なりに説明することが求められていました。授業の発問は、**「一番正確に見積もりが出せているのはだれか」** という問いでした。

　すると、授業の後半に学力の高いR君が立場を変えると黒板の前に出てきました。正解から不正解へと移動したのです。彼はこう言いました。

> 　誰が正確かなんて、どうでもよくなってきました。ぼくが、Bさんに変えたのは、**一番お金を大切にしていて、偉いと思ったから**です。ぼくは、一番偉い人に立場を変えます。

　教科のねらいをしっかりと理解した上で、彼はそれ以上に大切なことを友達に訴えたかったのです。算数の授業中に、気持ちの面に価値を置いた彼の発言に、教室は温かい空気でいっぱいになりました。

　友達は分かってくれる。見積もりを出すことよりも大切なことがある。彼の発言は、人間性を重視する一人が美しい行動だったと思います。

### 友達、学級を本気で大切に思う気持ち

　こんな人間を育てたい。こんな学級をつくりたい。人に教える職業の方なら、考えることだと思います。特に、教育に携わる人であれば、このような思いは、教育活動の原点であり、道徳教育の根幹だと感じています。教育観とも言い換えることもできます。私の教育観は、**「自分も友達も大好きに」** ということです。この思いは、子どもたちの人間性の育成や心の発達に関わってきます。何を大切にするかで、教室に生まれるドラマも変わってくるのです。「自分も友達も大好きに」という教室には、自分や友達を思いやる行動があふれるのだと思います。

　2017年度の6年生の2学期、終業式間近に、M君が入院することになりました。学級では、欠席の友だちにお手紙を書くという文化がこれまでありました。しかし、2学期の間、学級に戻ってくることができないと知った子どもたちは、自分にできることを考え始めるようになって

いました。

　1枚目のお手紙を書いたのは、中村学級の**全員を大好き**と言い切る女の子でした。手紙には、授業の内容が詳しく書かれていました。狭い隙間にできるだけ多くの情報を詰め込もうと書かれた文章。文章の中に何度も出てくるM君の名前。アイメッセージにあふれた、お手紙でした。

　2枚目の授業ノートを書いたのは、自分さえ学習ができればよいと思っていましたが、**一人も見捨てないということを学び**大きく成長した、算数が大好きな男の子でした。授業の後の休み時間に、学習した内容をまとめたノートを作成していました。

　3枚目は、毎朝、下校前に欠かさず**全員とハイタッチ**をしていた女の子でした。私の本（家庭版成長ノート）の中で、最近の学級の成長をベスト3にまとめたものを、渡したいと持ってきました。

　4枚目は、友達からいじられ、自分らしさを発揮することが怖かったが、会社活動を通して**自己開示ができるようになった**女の子でした。会社の新聞とは別に、M君のための新聞を特別号として発行していました。

　そして、サンタの折り紙は、道徳の授業の中で、常に自分らしい学び方を追究し続けた女の子でした。クリスマス会に参加できないM君のためのプレゼントにと持ってきました。

　**大好きな友達のためなら、当たり前**だと5人は振り返っていました。

　教室の事実、授業中の発言などに、私たち教師の教育観が映し出されます。子どもの姿がそのまま自分自身の姿であり、子どもの考え方には、自分自身の考え方が鏡のように映し出されるのです。

6　道徳教育　公社会に役立つ人間を育てる　173

### 道徳35時間目　最後の授業

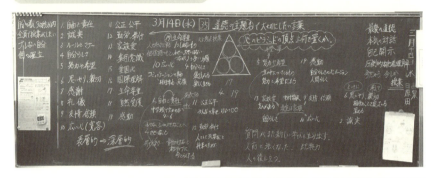

> 発問一　これまで学んだ内容項目から、心のピラミッドの頂点に置く、3つは何か。
> 　活動1　内容項目から3つ選ぶ。
> 　活動2　理由を書く。
> 　活動3　立ち歩いて交流。
> 　活動4　全員の前で自分の意見を発表する。
> 　活動5　友達の発表に意見を述べる。
> 　活動4と活動5を繰り返す
> 発問二　心のピラミッドを考えてみて、今思うことは。
> ○授業の感想を書く。○感想を発表する。

「コミュニケーション力あふれる『菊池学級』のつくり方」（中村堂）の1年間の成長ノートとテーマ一覧の中に、「143．道徳の主題名で大事にしたい言葉」があります。菊池氏にお会いした際、最後の道徳の授業に行ったということを聞き、2017年度の6年生に授業を行いました。

　この授業で大切にしたことが4点です。

> ①最後の道徳　　　②本気の対話
> ③自己開示　　　　④圧倒的な他者理解

ここから私が子どもたちに話したことです。

①最後の道徳

今日は、最後の道徳です。今しかできない道徳をしよう。今だからできる道徳をしようと話しました。４月から高めてきた人間性を最大限に発揮してほしいと伝えました。

②本気の対話

今日は、対話中心の授業です。自分と友達の違いを楽しんでほしいです。対話を通して、新たな気づき発見をして成長してきました。新しい学びを生み出す友達との時間を大切にしてほしいと話しました。

③自己開示

ピラミッドの頂点に置かれる３つは、これまでの生き方や学びが自分らしさとして発揮されます。今の自分をありのままさらけ出すことが、友達の新たな学びになります。自分をさらけ出して、友達に自分のこれまでとこれからを、胸を張って伝えようと話しました。

④圧倒的な他者理解

友達が本気で自分をさらけ出してくれます。それを受け止める自分はどうあればよいのでしょうか。友達との１年間を思い出しながら、あの時の姿、この人の成長を思い浮かべながら、友達のことをもっと理解し、大好きになろうと伝えました。

### ぐるぐると思考を繰り返す中で

対話を学びの中心に置いてきた子どもたちは、この授業の中でも、本当に大切なものは何かを問い続けていました。学びに向かう人間性を育成する上で、知識や思考力は重要な要素です。しかし、人間性を高める一番の方法は、**他者との対話や自分自身との対話**なのではないでしょうか。学び続ける人間はぐるぐると思考を繰り返しているのです。

### 最後の道徳で子どもたちから学んだこと

道徳の内容項目をもとに、対話や発表をする子どもたちの口から、資

料名は一言も出ることはありませんでした。つまり、子どもたちは、**道徳の時間と日常生活の中で、考えたことや話し合ってきたこと、成長したことをもとに**、意見を述べていました。

　道徳の時間は、資料をもとに考え議論してきました。あくまで、資料はきっかけでしかなく、子どもたちが考え議論した中心にあったのは、**内容項目そのものの、見方・考え方**だったということです。対話を通して、他者の考えに触れる中で、自分の中の解釈や行動が変容していくのです。だから、子どもたちは道徳の時間を要に成長してきたのだと思います。道徳は、資料をきっかけに、お互いの価値観を磨き合い、**答えのない問いに向き合っていく時間**だということを、子どもたちから学びました。

　道徳が教科化された、今。私たちは、教育観を再度見直し、新たな授業観や指導観を追い求めていく必要があります。私たち、大人も同じです。答えのない問いに向き合っていかなければならないのです。答えは子どもたちが成長や変容として、私たちに教えてくれるのだと思います。

　だからこそ、改めて問いたいことがあります。「**自分は本気なのか**」ということを。

### S君の最後の道徳の振り返り

　ぼくは、今日の道徳だけでなく、今まで仕方なくやっていた道徳も、一生懸命やった道徳も、ぼくの人生に存在する大切な道徳です。一生道徳です。自分らしく生きること、感動の涙を大切に生きることは、これからも強く心の中で生き続けると思います。

# 7 圧倒的な学習量 確たる土台を築く

古舘 良純（菊池道場千葉支部）

## 1 「学級づくり」と「教科学力の向上」をめざして

### 「菊池実践」の力

これまで述べられた「価値語」「ほめ言葉のシャワー」「成長ノート」「話し合い活動」などの「菊池実践」を年間を見通した取り組みにすることで、子どもたちの成長を促すことができます。コミュニケーション力豊かな、温かい学級をつくることができます。

教室に温かい空気が生まれていくと、「そこにいるだけで成長できる」ような環境を生み出すことができます。それが「菊池実践」の力でしょう。

### 「菊池実践」は何のために？

しかし、我々教師は何のために「菊池実践」を教室に取り入れるのでしょうか。または、取り入れていくのでしょうか。

そう考える上で、忘れてはならない視点があります。それは、菊池省三氏が発表されている「菊池省三が考える『授業観』試案」（23〜26ページ参照）です。菊池実践の数々が構造的に網羅された図で、年間を見通した考え方そのものです。この図は、「授業」観を示したもの。つまり、中心には常に「授業」があり、「授業」を意識し続けなければならないということです。

我々教師（多くは義務教育を担う教育公務員）は、菊池実践の学級経営的な一面的な見方だけではなく、「授業」によって子どもたちの「教科学力」を向上（変容）させるという側面も重視しなければならないので

す。菊池実践を取り入れるとき、「学級づくり」と「教科学力の向上」、どちらも大切にすべきであり、分けて考えるものではないのです。

ここでは、「**圧倒的な学習量**」という視点で書かせていただきます。しかし、その背景には、先述したような菊池実践が、全て同時並行的に行われていると考えてください。

その上で、子どもたちが「圧倒的な学習量」を積み上げていけるような実践を紹介していきます。「こなす」「やらせる」とは違う実践です。あくまでも「**人を育てる**」「**人間的な成長を促す**」という方向に向かい、「**確たる土台を築く**」ための実践です。

それらは、我々菊池道場メンバーが「教科学力の向上」というステージに向かうために必要な視点であると考えます。菊池実践を、より確かなものにするための挑戦なのです。

### 年間を通した取り組み

菊池氏は、「**学力の基礎・基本は、読書、漢字、計算、音読、作文などの力と捉えて鍛えます。辞書類は机の上に常に置かせておきます**」と言っています（「白熱する教室」8号から引用）。

そこで、「菊池省三が考える『授業観』試案③」に基づく「圧倒的な学

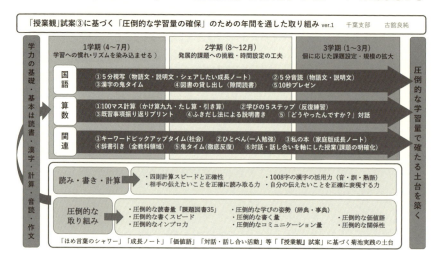

習量の確保」のための年間を通した取り組みを紹介します。

　土台として、菊池実践への取り組みを継続して行っていきます。特に核になってくるのが、先述した「ほめ言葉のシャワー」「成長ノート」「価値語」「対話・話し合い」です。さらに、「授業観」試案③における**「読み・書き・計算」**の項目と**「圧倒的な取り組み」**を常に意識し、その上で年間1000時間以上の授業へ臨むイメージになります。

　1学期は、「学習への慣れ・リズムを染み込ませる」ことを目的に行っていきます。3月のゴールを見据えたとき、4月から順調に取り組みがスタートすることを望んではいけません。継続することで少しずつ馴化（じゅんか）させていきます。最初のうちは、ある程度時間をとり、活動の意味を考えさせることも必要になります。

　また、学習に対してのリズムが出てくるまでは時間にも心にも余裕をもって取り組むとよいでしょう。焦って実践し、子どもたちの心が離れてしまっては、本末転倒です。慣れ、リズムが定着するまでは、じっくりと取り組みます。すると「先生！2分前ですよ！100マス計算のプリント配ってください！」と、徐々に授業のスタートに対しての意識も変わってきます。子ども同士で声をかけ合って規律を整えようという動きも出てくるのです。

　実施時間は「5分」と示しているものもありますが、最初は7分、慣れたら3分など、成長に合わせて柔軟性をもって実施します。子どもたちの実態に合わせ、活動に幅をもたせるのです。とにかく、国語や算数を中心とした授業の中に、年間を通して「位置付ける」ことが大切です。

　2学期は、「発展的課題への挑戦・時間設定の工夫」に力を入れていきます。時間設定は先に書いたように、3～7分のように幅をもたせることが可能です。また、授業序盤に設定したり、まとめの意味を込めて終盤に行ったりすることもできます。課題も、「単純なものから複雑なものへ」「少ないものから多いものへ」というようにレベルを高めていくと、子どもたちの意欲を維持する一助となります。内容や時間設定を見直し、子どもたちに負荷をかけていく意識です。この時期は、学級経営的に子

❶ 価値語

❷ 成長ノート

❸ ほめ言葉の活動

❹ 話し合い活動

❺ 学級ディベート

❻ 道徳教育

❼ 圧倒的な学習量

❽ 主体的・対話的で深い学び

7　圧倒的な学習量　確たる土台を築く　*179*

ども同士の横のつながりを意識していく時期です。丸つけをさせ合ったり、ノートを見せ合ったりして、活動を発展させることもできます。社会科などは、本時の活動に即して教科書を読ませる時間をとると、話し合いのための事前情報収集の時間にもなります。

そして、何度も何度も継続して積み上げることの意味を考えたり、これまでの成果とこれからの目標をもたせたりすることが必要です。菊池実践を同時に行っているからこそ、プラスに捉え、価値を見出し、発展させることができるのです。

3学期は、「個に応じた課題設定・規模の拡大」が図れるとよいと考えています。授業で積み上げていく活動の他に、家庭での取り組みを充実させていくことに目を向けます。家庭学習の方法を示し、「ひとべん(一人勉強)」を日常化しつつ、自由度の高い学習形態を確立するのです。これは、一律に課される宿題とは大きく異なるものです。

右の写真のように、プリントや計算ドリルに頼らず、算数の教科書に立ち返って学習する子も出てきます。経験上、この巻末問題をやらずにその学年を終える場合が多いように感じています。素晴らしい活用方法です。

自分にあった学習スタイルを見つけさせていくことは、学びを個に返すことにもつながります。授業の中でみんなと一緒に積み上げるもの。それ以外に自分で積み上げるものの住み分けをはっきりすると、より個に応じた内容で、規模を拡大させる学びを進めることができます。

その他にも、年間を通した読書活動の徹底、音読(特に高学年になると減る)、成長ノートを核とした作文指導を徹底します。

また、対話・話し合いの授業を中心に据えることで、話す・聞く・書く・読む・計算するなど、全ての活動が機能することになるでしょう。

## 一斉指導の授業技術を高める

　授業に5分前後の「圧倒的な取り組み」を位置付けるわけですから、従来やってきたような授業では時間が足りなくなる可能性が出てきます。そうしたとき、どの時間を削るかという問題が出てきます。

　「年間を通して学習量を積み上げる」ためには、自分自身が行ってきた授業そのもののスタイルを変える覚悟をもたなければなりません。極端な話をすれば、「40分授業」を成立させられる指導技術があるからこそ、授業の中に年間を通した取り組みが位置付けられるわけです。(すべて40分授業にしようということではありません！)

　その指導技術は、「教師の一方的な講義形式で進むだけの授業」「知識だけを教え込むような授業」ではありません。菊池氏が言う「『悪しき』一斉指導」とは違う一斉指導の技術です。教師が、「今日の授業のポイントは何かを理解していること」「指導事項を自分自身に落とし込んでいること」そして、「どのような活動を通して子どもたちと授業を創り上げていくのかというイメージをもっていること」。これらをよりシンプルに組み立てることのできる指導技術です。

## 教科学力を伸ばす

　私自身も、対話・話し合いを中心に据えた授業展開を行ってきた経験があります。しかし、その多くは「活動ありき」になりがちでした。子どもたちも、「座ってやるよりみんなと話し合いたい」と言います。「子どもたちが望むのだから」と、自由度の高い立ち歩きをさせながら学習を進めていました。

　しかし、その授業スタイルで子どもたちにどれだけの指導事項を身に付けさせることができたかと言われると、「指導できた」という自信はありませんでした。「活動で満足していた」のだと振り返ることができます。はっきり言えば、個も集団も「点数」が伸びませんでした。話し合うポイントを示すことができず、選び抜かれた問いを生み出せない。発

7　圧倒的な学習量　確たる土台を築く　181

問の精度が低かったのです。また、話し合いをかみ合わせる技術も足りていませんでした。

　我々は授業者ですから、「育てる」ことと同時に「教える」ことも大切にしていきます。しかし今、自校の先生方を見ていても、「教材研究」の時間がないように感じます。毎時間の授業に向き合う時間が足りないのです。どのように思考させたいのか。そのためには、どのような発問が適切かという授業者としての責任と自覚がないのです。

　子どもたちに圧倒的な学習量を求めるためには、教師も授業へ向き合う時間を圧倒的に増やす必要があると考えています。そして、中身の濃い授業を目指す中でこそ、圧倒的な学習量を積み上げることができ、教科学力の向上へとつながっていくはずなのです。

### 4月から取り入れよう

　子どもたちと出会ったら、まず実践してほしいことがあります。それは、次の3つです。

①国語の授業で、視写と音読を毎時間行う
②算数の授業で、100マス計算を毎時間行う
③辞書引きを毎時間の授業に位置付ける

　この3つを、授業および日常生活の中に位置付け、継続的に実施するのです。

　きっと毎時間の授業に根付くようにななるはずです。信じて続けてください。

## 2　主体的な学び手を育てるために

### 積み重ねの実感をもたせる

　ここまで、年間を見通した取り組みを紹介させていただきました。あくまでも、「人を育てる」「人間的な成長を促す」という願いのもとに行

われる学習の取り組みです。その積み重ねが「圧倒的な学習量」として表出します。圧倒的な学習量を積み上げることが目的ではなく、日常的に徹底して学習を積み重ねて来た結果が、圧倒的な量として現れてくるということです。しかし、前述した４月から取り入れてみたい３つのことを毎日行っていると、ルーティンワークのようになり、その目的や意義を見失うことがあります。だからこそ、たった数分の学習も、振り返ってみると相当な量になっていることに気づかせます。どれほどの量を積み重ねてきたのか、どの程度基礎学力が定着したのかを振り返り、「実感」を伴う取り組みにしていきましょう。そして、今後の学習への意欲化も図りたいものです。

　ここでは、さらに３つの提案を加えます。国語の視写と音読、算数の100マス計算、辞書引きの日常化に加え、ギアを上げていくための３つの提案です。
① 「漢字の鬼」と「隙間読書」の習慣化
② 「学びの５ステップ」による反復練習
③ 「キーワードピックアップタイム」

### 「漢字の鬼」の取り組み

　2016年度６月、漢字プリントの隙間に、漢字をびっしり練習してきた子がいました。そのプリントを「価値語製作所」という会社（係）に預けると、「漢字の鬼」という価値語を付けて価値付けしてくれました。

それが、古舘学級における「漢字の鬼」のスタートでした。

それが派生して、漢字スキルまでびっしり練習しようとする子が現れました。すると、学級全体が感化され、漢字を「鬼的」に練習するようになっていったのです。これは、同時進行で菊池実践が行われているからできることです。友達の素晴らしい行動を素直に真似しようとする。成長に対して貪欲である。子どもたち同士が豊かな人間関係でつながっている。そうした学級だからこそ生まれるプラスの感化が、こうした事実を残すことにつながるのです。

### 「隙間読書」の取り組み

菊池氏は、「いつでも、どこでも、『読書』をしよう」と言います。（「コミュニケーション力あふれる『菊池学級』のつくり方」中村堂）

その中で、「『静寂をつくる』ことで集中力を増し、物事を考えるときは静寂をつくることが当たり前になっていく」と言っています。

国語の10分で、朝の10分で、ちょっとした隙間で読書を進めます。1年間の読書冊数の目標を100冊にするのであれば、週に2冊以上の読書が必要になるでしょう。

余談になりますが、右の写真の子は、読書をしながら給食の後片付けをしていました。「歩きスマホはダメなのに、歩き読書はいいのか？」と学級に議論が生まれました（笑）。

結果、「危ないからやめる」という結論になりましたが、「ただし、読書に対する心の勢いは素晴らしい」と価値付けました。

### 「学びの5ステップ」の取り組み

学期末になると、市販のワークテストが頻繁に行われるようになります。担任としては、日々の授業の成果として、個々の得点や学級の平均

点が気になるところです。

　以前、支部の学習会で「そんなに対話ばかりさせていて、テストの点数はどうなんですか？」という質問を受けたことがありました。しかし、その単元テストの平均点は97点でした（国語の物語文）。質問された先生も、「それなら！」と、「対話・話し合い」の成果に納得されていました。

　我々が菊池実践を行っていくとき、教科学力の向上が結果（数値）として出ることは必然でなければならないと考えています。それはある意味、菊池実践を行う者の責任であるとも考えています。「菊池実践を行って学力が下がった」ということは、本来あってはならないはずなのです。

　ワークテストは、ほぼ全国的に行われている評価のための資料の一つです。もちろん私自身の学級でも使用しています。だからこそ、きちんと向かい合いたいものです。

**「学びの5ステップ」**とは、支部メンバーでから学んだ実践で、そのワークテストや、練習プリント、計算スキルなどを最大限に活用する、活用し切る方法です。そのステップを紹介します。

①**テストの実施**　まずは、テストを実施します。それに向けて事前の学習も促します。

②**採点する**　ペーパーテストの場合は教師が採点し、練習プリントや計算スキルなどは子ども同士や自分で採点します。即時確認の視点から、ペーパーテストはその日のうちに返すようにします。

③**テスト紙面上で間違いを直す**　返却されたテストの紙面上で、間違いを直させます。分からないところや納得できない部分を教え合うようにさせます。

④**ノートにやり直す**　同じ問題を家庭学習用のノートや算数のノートに解かせます。

⑤**繰り返して問題を解く**　ノートに解いても、解けない時があります。テスト紙面上で納得せずに答えを書き直しただけの場合です。その場合、再度ノートに同じ問題を書かせ、解かせます。間違えた場合は、何度も繰り返します。

7　圧倒的な学習量　確たる土台を築く　185

この①から⑤のステップを徹底的に反復練習させます。もし、満点だった場合には、③のステップをとばして、④→⑤というように繰り返して問題に取り組ませます。
　事前の準備や、テスト前の確認はよくするけれど、採点して返却した後の間違い直しはあまり行いません。
　だからこそ、事前も事後も徹底的に繰り返す。できるまで何度もやり直す。これが、学びの5ステップになります。

　右の写真の様子は、算数で計算スキルに取り組んでいる様子です。書いて終わり、答えを写して終わりというような機械的な取り組みにせず、「何で？」「どうやって？」と必死になって取り組んでいる様子です。学びの5ステップは、この写真
のような、温かく豊かな人間関係を育む側面ももち合わせているのです。

### キーワードピックアップタイム

　社会科の学習では、歴史上の人物や時代ごとの出来事、歴史の流れを覚えておく必要があります。私自身も、「社会は暗記」と言って、必死になって覚えていたことを思い出します。
　しかし、そのキーワードは、黒板に書いて、ノートに写して、暗記させるだけでよいのでしょうか。一斉指導の授業で行われる暗記には限界があります。定着も弱いでしょう（そうではない学級も多いはずですが）。
　しかし、実際子どもたちに聞いてみると、やはり社会は「覚えられない」「誰だっけ？」というような「暗記の印象」が強いようです。子どもたちに、社会の授業の印象を聞いてみるとよいでしょう。
　そうした授業スタイルを変えていく意味でも、「キーワードピックアップタイム」を授業冒頭5～10分に位置付けるとよいと考えます。
　子どもたち自身が、本時で扱う教科書の内容を自分なりに読み、「これ

だ」と思うキーワードに線を引いたり、チェックしたりしていくのです。そして、そのキーワードをノートに書き写します。

　この作業を社会科の授業毎時間に位置付けていきます。5 ～ 10 分間での作業が難しい子は、休み時間から取り組むようになっていきます。「5 分では足りないので、もう始めていいですか？」と休み時間に聞きにくるのです。そのような、学習に対する能動的な態度を育てることにもつながっていきます。

　また、分からない言葉を辞書で調べたり、学級に置いてある日本史事典を使って調べたりする子もいます。つまり、先生に言われた言葉だけ、黒板に書かれた言葉だけを覚えるような学習ではないのです。

　その上で、「どんな言葉をピックアップしましたか？」という対話や、お互いに問題を出し合うような「社会科クイズタイム」を位置付けると、目的をもって教科書を読むようになっていきます。

　これは、国語で音読をし続けてきた結果が「歩くように読む・淀みなく読む」という力を育んだ結果です。短時間で教科書を読めるようになるからこそ、社会科に生かせる実践でもあります。

　また、キーセンテンスではなく、キーワードであることから、「短くズバッと選ぶ」力が必要になってきます。どこに着目して読むのか、何をピックアップするのかという子どもたちの教科書を読む目を鍛えることにもつながるのです。

## 学びのスタイルにも自分らしさを

　4 月の最終日に「1 か月で成長したこと」というテーマで成長ノートを書かせました。右の写真の子は、読書のこと、家庭学習のことを取り上げて書いています。

　古舘学級では、宿題＝家庭学習にしています。漢字や計算スキ

ル、プリントなどは一切出しません。学校・教室で学び、5ステップで復習し、繰り返すことが基本です。

　子どもたち一人ひとりの教科学力は違うはずなのに、宿題の内容や量が同じという考えから脱却しなければならないのかもしれません。そうした「これだけでいい」という狭い意味の宿題の中からは「圧倒的な学習量」が生まれることはありません。子どもたちの可能性を大いに引き出すのは、紛れもなく教師のスタンスです。

## 3 圧倒的な学習量と家庭学習

### 学びに個々のスタイルが出せるようにする

　これまで、「圧倒的な学習量」という面に焦点化して書いてきましたが、「人を育てる」という願いを忘れたことはありません。圧倒的な取り組みの裏には、子どもたちの心が育っていることが肝だと考えています。それなくして強制的に積み上げられたノートは、教師の自己満足に過ぎません。苫野一徳先生の言葉を借りるならば、「教師が子どもたちを、自己承認欲求を満たすための道具にしている」ということになります。学習量を求める中でそのようなことがあってはなりません。私は、現象として見える圧倒的な学習量の裏に、子どもたち一人ひとりのドラマを見たいのです。個のストーリーを語りたいのです。

　ここでは、年度の後半に向け、「自分らしい学び」を追求する家庭学習の取り組みを2つ紹介いたします。

①家庭学習のスタイル（基本と発展）
②私の本（家庭版成長ノート）

### 家庭学習のスタイルを分類して示す

　家庭学習の取り組みを続けていくと、自然にノートが積み上がって行きます。古舘

学級では教室前方に積み上げています。「去年は何冊…」ではなく、目の前の子どもたちの実態をベースに積み上げるとよいでしょう。

　子どもたちの実態によって差が出ると思いますが、気にせず積んでいきましょう。そして、その中から「計画的に」ノートをコピーしておきます。そして、そのページを分類して子どもたちに紹介します。

1. **復習型**　授業で書いたノートを丸写しする。
2. **反復型**　学習した内容を繰り返して取り組む。
3. **みっちり型**　国語の視写を行い、ノートのマスを全て埋め「みっちり」行う。
4. **スピード型**　自分で100マス計算をノートに作るなどして、少ない時間の中で集中して取り組む。
5. **再チャレ型**　返却したテストやプリントを持ち帰り、再度チャレンジして解き直す。
6. **発展型**　教科書の巻末問題や市販のテキストから抜粋して取り組む。
7. **ちょいちょい型**　ノートを3分割（1ページの場合）や、4分割（見開き2ページの場合）にして、各教科にちょっとずつ取り組む。

　以上のようにまとめ、コピー・印刷して小冊子を作り、一人ひとりに配付します。子どもたちに学びのスタイルを紹介するのです。

　そうすることで、家庭学習に熱心な子はどんどん自分のスタイルを貫いたり、新しいスタイルを生み出そうとしたりします。なかなか家庭学習に取り組めない子も、その小冊子を手がかりに家庭学習に取り組むようになります。少しずつ、自分らしさを発揮できる家庭学習へとシフトしていくのです。

### 見通しをもって家庭学習に取り組ませる

　右の写真は、ある子が作った「家庭学習実施計画」です。
①**外せない予定を書き入れる。**

7　圧倒的な学習量　確たる土台を築く　189

②教科のバランスを考えて予定を立てる。
③「ごほうびデー」を設定する（笑）。

　やりたいことをやりたいようにやるのではなく、「家庭学習の質」を高めるための効果的な方法であると子どもたちに紹介しました。本章のテーマである、「確たる土台を築く」ためには、教科のバランスがよい学習に向かうべきです。

　ある年、ノートを積み上げるために簡単なプリントを何枚も貼ってきた子がいました。「本来、成長のための家庭学習のはずなのに、これでよいのか」「2学期後半の取り組みとしてどうなのか」と、教室で話題にし、叱ったことがあります。

　菊池氏が出演した「プロフェッショナル　仕事の流儀」の中で**「漢字100点とるのも、計算100点とるのも大切だけど、そこに学ぶ強い心はありません」**という言葉があります。

　家庭学習も同じです。「ただこなす学習」や「ノートだけが終わっていく学習」も達成感はあります。しかし、そこに子どもたちの「心」がなければならないと思うのです。

　子どもたちが見通しをもち、自分の苦手も克服しつつ自分らしい学びのスタイルを確立する。家庭学習を通して個の確立を促す。その視点を教師が忘れてはなりません。

### ノートの裏側を読んで価値付ける

　家庭学習をチェックすることは容易なことではありません。毎朝積み上げられるノートをチェックし、返却する。その作業自体に時間をかけたくないと思う方もいるでしょう。そんな時、私は、ノートを「見る」のではなく、「読む」という意識で価値付けています。

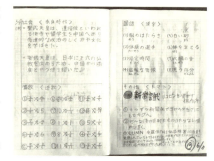

　例えば、右のノートの子は、「野

菜シリーズ」と題し、野菜について調べ、栄養素や調理法の紹介などを繰り返しているような子でした。しかし、「ちょいちょい型」を真似し、各教科の学習もバランスよく取り組むようになりました。インタビューを通して、その子がいろいろな方法に触れたいということが分かりました。そして、その変容を学級で紹介し、価値付けました。その中で、右下に「トマト」について調べているところが彼女の太い芯であると「読み」ました。そこに「彼女らしさが隠されている」とも話しました。

家庭学習を「読む」とは、活字を追う読書のような「読む」ではなく、心が動いた背景を「読む」ということです。家庭学習に取り組んでいる様子を思い浮かべ、その心の内側をも「読む」ことで、その子の家庭学習ノートに対する見方が深まり、価値が高まるはずです。

右は、絵が得意な子のノートです。丁寧に「書院造り」の様子を書いています。問題を解くだけではない「自分らしさ」を兼ねたノートだと「読み」、称賛しました。

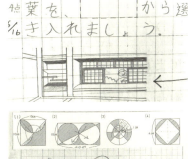

右は、教科学力が高い子です。テキストなどの学習教材を丁寧に切り貼りし、ノートを作っていくスタイルです。コツコツやってきます。その様子を思い浮かべ、「美しいノートができたね」と伝えてあげました。

さらに、卒業式の歌の歌詞を視写してきたノートもありました。卒業を見据えた心に感動しました。「普段から言葉を大切にしているからできることだね」と価値付けました。

### 内側が変わるからこそ学習量が増す

子どもたちがそのように変容するために、もう1つ家庭学習の一環と

して取り組めるものを紹介します。それは、「私の本」です。菊池道場メンバーの学級で圧倒的な学習量が確保できるのは、心が育つからです。学ぶ強い心がそこにあるからです。その心を育てる「私の本」について、「人間を育てる　菊池道場流　作文の指導」（中村堂）の中で菊池氏は、**「私の本で自分と対峙し、ありのままの自分と対話し、そんな中で本当の自分らしさを見つけていった子どもたちは、大きく成長していきます」**と書かれています。心が変わるからこそ、学習量が増すのだと考えます。

### 私の本のテーマ紹介

ある年、11 月の後半から私の本の取り組みが加速した子がいました。彼女は、ほぼ毎日卒業式までノートを提出し続けました。次のようなテーマがありました。

1. 私にとって「言葉」とは何か
2. 私にとって「教室」とはどんな場所か
3. 私にとって「授業」とはどんな時間だったか
4. 私にとって「古舘先生」とはどんな存在だったか

4 の中で、「先生がいてくれたおかげで、成長に貪欲になれた」という記述がありました。成長に貪欲になるからこそ、教科学力も向上させようとする心になったのだと確信しました。

### 全国レベルを示し、心に火をつける

菊池道場には、力量のある実践者がたくさんいます。そうした学級と切磋琢磨しながら家庭学習を積み上げると、圧倒的な学習量へ向けて勢いが出ます。「価値語 100　ハンドブック」（中村堂）などに紹介されている全国の教室の圧倒的な学習量の事実を学級の子どもたちに示すと、子どもたちの心にも火がつきます。全国の菊池道場メンバーの学級の様子を参考にし、家庭学習の積み上げに取り組んでいます。全国レベルの事実を示し合いたいです。

## 「短時間集中」で加速する学習量

陰山英男先生は、ベネッセ教育情報サイト（2017年11月10日）で、「学力を伸ばす上でいちばん大事なのは、勉強時間を短くすることです。小学生の例ですが、1日の勉強時間が2時間を超えると成績が急激に落ちるというデータがあります。長時間にわたる勉強では、お子さんの集中力が続きません。短時間で効率的な勉強をするためには、たとえば『1ページを15分でやる』など自分なりに目標を立て、スピード感をもって取り組むことが大切です」

と述べています。

学習量を積み重ねるには、スピードが命です。1つの計算に30分かけていては、いつまでたっても「学習量」は増えません。だからこそ、基礎的な部分を徹底的に鍛え、書くスピードを上げることで短時間集中を可能にしていくのです。「圧倒的な学習量」と「学習時間」は別にして考えて取り組むべきです。

## ◢4 圧倒的学習量の先にある子どもたちの変容

### 年間を見通した「圧倒的学習量」を

圧倒的な取り組みの裏には、子どもたちの心が育っていることが前提となります。学習量と同じくらい成長しているという事実が隠されています。そのことを忘れてはいけません。最後に、「学校生活における学習量の増加」と「圧倒的学習量の先にある子どもたちの変容」について紹介し、まとめたいと思います。

### 「隙間時間」の活用と学習量

1年の後半に入る頃から「家庭学習」と「自主学習」を意識して使い分けるようにしていきます。

7　圧倒的な学習量　確たる土台を築く　193

「家庭学習は家庭で行うもの」「自主学習は自主的に行うもの」。そう考えただけでも、子どもたちの取り組み方を大幅に変えることができます。授業後も続けて学習に取り組む子が出てきたり、休み時間に学習する子が出てきたりします。隙間時間を活用するようになるのです。特に、テスト前などは自主学習をする子が一気に増えます。そういった学習も「自主学習ノート」に書き込むようにさせ、学習量を積み上げさせるのです。

　右の写真の子は、社会科の授業後にノートを丸写ししていました。全教科即時振り返りをしている子です。常に自主学習ノートを用意して授業に臨んでいます。先に引用した陰山英男先生の言葉通り、時間をかけずに学習量を積み上げているよい例だと感じました。

　辞書を引いて語彙を集めることも日常化しました。授業で出てきた言葉や、価値語など、気になる言葉があれば辞書を引いてメモしています。朝読書で、辞書引きが日課になった子もいました。朝読書や、授業中気になった時など、とにかくスピード感をもって辞書を引き、メモをすることで、圧倒的な書く力も身に付けることができます。たった5～10分間の隙間時間が学習量を積み上げることにつながるのです。

　また、右の写真は漢字練習に取り組んでいる様子です。これは、帰りの支度をして「さようなら」のあいさつがあるまでの数分という時間を活用しています。たった数行でも書き進めようという強い意志と、その時間を見逃さない姿勢が美しいと感じました。

　自主学習に目覚めたとき、子どもたちはちょっとした時間を活用して学習に取り組むようになります。学校生活の中にある隙間という隙間をつなぎながら、学習量を積み上げていくのです。5時間授業であれば、5

回の休憩があります。5分ずつ積み上げると25分になります。昼休み等も加えるともっと増えます。そのような隙間時間を「空白の時間」から「黄金の時間」にする意識を高め、圧倒的な書くスピードで書く量を積み上げ続けるのです。

### 授業終盤の使い方と学習量

　1学期は、テスト後に読書をさせ、読書量の確保に努めていました。しかし、秋から冬にかけては「自主学習タイム」をテスト後に位置付け、学習量を積み上げるようにさせます。テスト終了後から授業終盤にかけての時間を使わせ、自主学習をさせるのです。この時も、朝提出したノートを返却し、とことん1冊のノートに向かうようにさせたいものです。

　また、通常授業の終盤10〜15分を活用して、ノート2ページ程度の自主学習をさせる授業方法もあります。

　例えば、算数の学習を30分程度で終え、残り15分の発展問題は自主学習ノートに向かわせるようにします。教科書の巻末問題を解かせたり、計算ドリルを「再チャレ型」(189ページ参照)で取り組んだりさせます。

　また、国語の場合は漢字練習に取り組ませることも可能でしょう。話し合いのテーマに関する作戦を考えさせてもよいと考えます。

　45分間教師が主導する授業も大切ですが、時には子どもたちの主体性を引き出すような学習のスタイルも大切にしていきたいものです。たかが10分、されど10分です。何か月も続けることで子どもたちの自主学習に対する意識が変化していきます。

### 読書量と学習量

　右の写真の子は、隙間時間を活用して読書と自主学習を同時に行っています。図書室で借りてきた本を開き、そこから学んだことをノートにまとめています。読書

は、様々なジャンルを読ませるようにしています。机の上には常に数冊の本があります。その中の1冊を自主学習用の本として位置付けているのです。読書と学力は切っても切り離すことはできないと考えます。

## 子どもたちの変容

　子どもたちは、学習量を積み上げることによって確かな自信をもちます。自信をもつことによって、さらに学習を重ねます。

　その積み重ねが、教科学力の向上につながることはもちろん、その子らしい学びのスタイルを築き上げていきます。

　成長ノートに、次のような作文があります。一部抜粋し、紹介します。

---

　**自主学習をすることで身につく力があります。**それはテストの点数を高めるということです。プリント以外の復習をすることができ、わからなかったところがわかるようになります。**自分は自主学習で苦手なところがわかるようになりました。**

　それに、**自主学習をやっていくことによって、自主学習そのもののよさがわかるようになりました。最初は自主学習が嫌いでした。**でもやっているうちに楽しさがわかりました。「学習」から「楽習」になりました。

---

　子ども自身が学習を楽しむようになり、分からないところが分かるようになったことで、テストの点数が上がる。そのサイクルを実感する。これが学び続ける人間を育てる菊池実践のめざす姿だと考えています。

## おわりに

　学習量を積み重ねるためには、子どもたちの心の成長が不可欠です。「やろう」という意欲、「続けようという」強い意志が必要です。

　冒頭にも書いたように、圧倒的学習量の根底には、子どもたちの成長が土台として築かれているのです。

子どもたちは、1年間かけて成長していきます。学習量が積み上がるまでには時間がかかります。自分自身、子どもたちに対してもやもやする時期がなかったわけではありません。しかし、きっと積み上がると信じ続けるからこそ、子どもたちが伸びるのです。「圧倒的」と言われるほどの学習量が積み上がるのです。

　読んでいただいている方々に大切にしてほしいことは、単に学習量を積み上げることを目標にしてはいけないということです。つまり、ノートを積み重ねること自体を教師の目的に据えてはならないということです。

　ノートが積み上がってくると、「俺ってすごい実践してる！」ような気持ちがふと湧き上がってくるときがあります。ノートが積み上がった写真の画力もあり、それ自体は非の打ち所のない事実です。しかし、本来、子どもたちの成長を願うノートの積み重ねであり、変容を促す実践であるはずです。その裏側には、個々のストーリーがあるはずです。「あの子がやるようになって、あの子が点数を伸ばして、あの子とあの子が競い合って…」のような、ノートの裏側に「あの子」のドラマがあるはずです。我々教師は、その事実も捉えなければなりません。

　菊池氏は、著書の中で次のように述べています。

> 「クラスの人間関係が良くなって、主体性があって自ら学ぶような集団は極めて達成志向が高い集団になります。したがって、学力も定着し、成績も良くなります」
>
> （「挑む　私が問うこれからの教育観」中村堂）

　圧倒的学習量を積み上げることのできる集団は、自ら学ぶ集団であり、主体性があると考えます。そこに豊かな人間関係を築くような菊池実践が加わるからこそ、個が確立した集団が育つのだと考えています。

　学習量を積み上げること、確かな学力の土台を作ることは、菊池道場の看板を背負う我々が事実として示し続けなければならないのです。

7　圧倒的な学習量　確たる土台を築く　197

## 8つの視点 8 主体的・対話的で深い学びを実現する

丹野　裕基（菊池道場東京支部）

### 1 教室に「伝えたい」「聞きたい」をつくることから始めよう

▶ はじめに

　中教審答申に、新学習指導要領で育成をめざす資質・能力について3つの柱が示されました。

○学びを人生や社会に生かそうとする「学びに向かう力・人間性」等の涵養
○生きて働く「知識・技能」の習得
○未知の状況にも対応できる「思考力・判断力・表現力」等の育成

　この資質・能力を育成するための授業改善の視点として示されたのが、新学習指導要領のキーワードである「主体的・対話的で深い学び」です。これを実現するために、どのような意図をもって学級づくり、授業づくりをしていくのか、実践を整理しながら提案していきます。

▶ 「主体的・対話的で深く学べる」子どもに育てましょう

　「主体的・対話的な授業づくり」と聞くと、人数単位を工夫した少人数による交流や、子ども同士の教え合いなどを思い浮かべることが多いのではないでしょうか。または、「ペアで相談しましょう」「班で話し合いましょう」という活動を取り入れても、なかなか対話的な学びが成立しづらい。だからこそ、「主体的・対話的で深い学び」を生む授業をつくっ

ていきたいけれど、何から授業を変えていけばいいのだろうか…と悩まれていることもあるのではないでしょうか。

　まずは、「主体的になれなくても、対話的な活動が苦手でも当たり前」と考えて指導を始めてみませんか。子どもが活発に活動する姿は、私たちに教師にとって魅力的なものですから、有効な方法や深い学びを生む教材を追い求めたくなります。しかし、どんな方法や教材も、それは子どもに力を付ける過程の一つであることを忘れてはいけません。1か月後、半年後、そして1年後、子どもたちがどのような姿で学んでいるか、それをできるだけ具体的にイメージした上で、「主体的・対話的に深く学べる」子どもを育てていきましょう。自分の考えを書けないから、段階を意識して、繰り返し書く活動を設定します。意見を言えないから、友達との関係性を築かせながら、〇か×かといった立場を表明させたり、短文で答えられる発問をしたりするところから始めていきます。

　今、「深く学べる子どもを育てましょう」と書きましたが、私たちが目指していく「深い学び」とは、どのようなことなのでしょうか。いくつかの資料をもとに読み解いていくと、深い学びといっても、「浅いか深いか」というものではないようです。

　文部科学省による解説には、「深い学び」が次のように例示されています。

---

・事象の中から自ら問いを見いだし、課題の追究、課題の解決を行う探究の過程に取り組むこと
・精査した情報を基に自分の考えを形成したり、目的や場面、状況等に応じて伝え合ったり、考えを伝え合うことを通して集団としての考えを形成したりしていくこと
・感性を働かせて、思いや考えを基に、豊かに意味や価値を創造していくこと

---

　「深い学び」とは、習得・活用・探究という学びの過程の中で、次のような姿を達成することと捉えることができます。

8　主体的・対話的で深い学びを実現する　199

①「見方・考え方」を働かせながら、知識を相互に関連付けてより深く理解すること。

②情報を精査して考えを形成すること。

③問題を見いだして解決策を考えたり、思いや考えを基に創造すること。

　このような「深い学び」を実現させるために、「主体的・対話的」な活動を取り入れていくのです。

　子どもたちにとっての授業が「覚えるためだけのもの」では悲しいですね。どのようにしたら、今日の問題や課題を通して、子どもたちの「見方や考え方を広げることが出来るか」を考えて授業をつくっていくことが深く学べる子を育てるために大切なのではないでしょうか。

---

**ポイント①**
１年後の姿を具体的にイメージした上で、「主体的・対話的で深く学べる」子どもを育てていきましょう。

---

### 「束になって成長させる」

　菊池省三氏は、全国で授業を参観されたり特別授業をされたりする中で、次のような子どもたちの姿に、対話的な学びが成立する関係性の弱さを感じると話されます。

---

・自分の考えや理由が書けない

・人前で話せない

・公にふさわしい語彙が少ない

・話し合えない

・即興力がない（書いたことしか言えない）

---

　裏を返すと、このいずれも「対話的に学ぶことのできる子ども」に育てていく上で欠かすことができないということです。では、こうした力

をどのようにして育てていけばいいのでしょうか。

大切にすべきことは、

「束になって成長させる」

ことではないかと考えています。対話で発揮させたい力は、対話を経験してこそ身に付くものなのだと思うのです。だからこそ、聞くこと、話すことの両方が当たり前にあふれる教室をつくりたいと思っています。

４月、まずは「考える主体が自分にある」ことを実感させましょう。登校してから下校するまで、様々なかたちで対話する機会を設け、考えをもつこと、それを伝えること、友達のそれを聞くことを経験させていくのです。こうした経験を重ねていくと、「誰かが答えるだろう」「自分は発言するキャラじゃない」といった思いが薄れ、子どもたちの中に主体的に学びに向かおうとする姿勢が育っていきます。

---

ポイント②

「対話する力は対話の中でこそ育つ」

---

### 共に考える仲間を育てる　〜菊池実践が生む学びの相乗効果〜

菊池氏は「意見を言う場」を越えて、「話し合い」が成立する条件に次の３つを示されています。

---

【話し合いが成立する条件】　（試案図② 24 ページ参照）

Ⓐ話し合いのねらいや目的の明確化

Ⓑ話し合いの技術

Ⓒ学級の人間関係（土台）

---

「ほめ言葉のシャワー」「成長ノート」「価値語」などの取り組みによって、学級の土台がしっかりしてくると、その相乗効果として話し合いの質も格段に向上していきます。「否定されない」「受け入れてくれる」「学

8　主体的・対話的で深い学びを実現する　201

び合うことが楽しい」と思える人間関係によって、自分の考えや気持ちを素直に表すことに躊躇しなくなっていくからです。対話的な学習では、立場の異なる友達と意見を交わすことも多くなります。人間関係に不安がある状況では、活発な対話は生まれません。そこで、年度当初には「教室を安心して自分らしさを発揮できる場にする」、「教師と子ども、子ども同士をつなげる」ための指導に力を入れましょう。担任というだけで、子どもたちは無条件に信頼をしてくれません。菊池実践によって温かな関係性を豊かに築き、学級を「考える・伝える・聞くことを共に楽しむ仲間」に育てていくのです。

---

**ポイント③**
「学級を『考える・伝える・聞くことを共に楽しむ仲間』に育てよう」

---

### 「深い学び」に向かうために、「伝えたい」「聞きたい」をつくることから始めよう

対話的な活動を取り入れるにあたって、まずは方法を教えることにこだわらず、「考えたい」「伝えたい」「聞きたい」という意欲を引き出していくことを大切にしましょう。その中でも、まずは「伝えたい」「聞きたい」を引き出す指導・授業展開を工夫するとよいと思います。「話すこと・聞くこと」の指導は、主体的・対話的で深い学びに欠かすことのできない指導事項です。「話すこと・聞くこと」は、自己開示するとともに、他者受容がなければ成立しないからです。この互いを大事にし合うことの必要性を、教師だけでなく、子どもも理解し実感できるようにしていきます。

---

**ポイント④**
「対話的な学びの指導は、教室に『伝えたい』『聞きたい』をつくることから」

## 「伝えたい」「聞きたい」を生む指導

「伝えたい、聞きたい」を実感できる教室にしていくための、ポイントを整理します。ここで全てを紹介することはできませんので、他の書籍もあわせて参考にされることをおすすめします。ここでは、4月ということを考え、5つを提案します。

5つのポイント
①まず書かせる
②型を教える
③「正答を問う」のではなく「思考を問う」場面を増やす
④「返す」「つなぐ」言葉かけをする
⑤価値語を示し、学びの規律をつくる

①まず書かせる

考えをまとめる時間を確保します。そして、まずは、書いたものを発表するところから始めることで、全員が発表する空気をつくります。

②型を教える

「理由を3つ書きましょう」や、「私はAだと考えます。なぜなら、～」で書き始めましょうなど、基本の形を示します。こうして、相手に伝えるには技術が必要であることも実感させていきます。

③「正答を問う」のではなく「思考を問う」場面を増やす

この時、「～に賛成か反対か」や、「～は○か×か」と立場を決めさせることで「どうしてそのように考えるのか」という根拠（自分の考え）をもちやすくなります。また、「○○さんの考えが分かりますか？」と友達の思考を考えさせることも大切です。

④「返す」「つなぐ」言葉かけをする

菊池氏は、教師の言葉かけについて、次のように書かれています。こうした言葉を教師がかけることが、子どもたちに一人ひとりの発言を大

8　主体的・対話的で深い学びを実現する　203

切にしようとする気持ちを育むことにつながります。言動を変えるためには、よさを実感することが必要なのです。

> 発表の場面でも、次々と発言させるだけでは、みんなの考えがつながらず、学び合いになりません。一人が意見を発表した後で、「みんなはどう思う？」とクラス全員に返すことが必要です。教師が返すことで、子どもたちは自分の意見と比べるようになります。安易に発表を聞き流すことがなくなり、真剣に友達の意見に耳を傾けるようになります。発表者もいい加減な発言をしなくなります。一つの意見をみんなで共有し合う雰囲気が、クラスに生まれるのです。
>
> (「菊池省三流奇跡の学級づくり」(小学館))

⑤価値語を示し、学びの規律をつくる

「○秒で○個書く」のように到達目標があると活動スピードが上がります。このように負荷をかけたり、何をどこまで頑張ればよいのか。頑張ったらどんな力が付くのかを「価値語」を使って指導していきます。

対話的な活動を数多く経験させるだけでは、活動の質的な向上を望むことはできません。例えば、勝手なグループ分けを黙認していたら仲良しグループでの話し合いをいつまでも許すことになり、学級の人間関係にも支障がでてきます。本稿のテーマである、「深い学び」に向かう集団にするためには、学びの規律を教えていくことが必要です。子どもの姿を価値付けて認めながら、それを全体に拡大させ、負荷をかけることで、定着させていきます。こうした指導を行うときに有効なのが、黒板の5分の1を活用した指導です。

【指導例】

「言葉の貯金」

自分の考えを伝えるためには、ふさわしい言葉（語彙）が必要です。伝えたいという気持ちから、辞書や事典で調べる子どもを称賛しながら、その価値の拡大を図っていきます。

【4月から大切にしたい価値語】

「書いたら発表」　　　　　「残り1秒まで書く」

「理由に自分らしさを出す」　「人と意見を区別する」

「見学者でなく参加者になる」　「正対する」

「WIN-WIN」など

## 授業づくりの視点

「主体的・対話的で深い学び」を達成するための授業改善のポイントとして2つの視点に注目しています。

○子どもが授業中に使う言葉　　　○子どもの授業中の姿

どのような言葉で考えを語る子どもに育てたいのか、どのような言葉で友達との対話をする子どもに育てたいのかを考え、それに応じた指導を考える必要があります。まずは、4月、次のような言葉が授業中に多く使われることがないように心がけたいです。

「いいですか」　→　「はい」

「○○さんと同じです」

これらを見過ごしていると、多数派の意見に流されたり、正解かどうかを気にしたりして、自分の言葉で表現しようとしなくなっていきます。

# 2 主体的に学びに向かう子どもを育てる

## 1学期に見直したい対話力

・自分の考えや理由が書けない　　・人前で話せない

・公にふさわしい語彙が少ない　　・話し合えない

・即興力がない（書いたことしか言えない）

8　主体的・対話的で深い学びを実現する　205

1学期のゴールが見えてきた学級の子どもたちはどのような姿で学んでいるでしょうか。ここでは、「主体的に学びに向かう子どもを育てる」ことをテーマとして考えていきます。

## 「主体的・対話的で深い学び」について

文部科学省視学委員の田村学先生は著書の中で、学習指導要領で示されている育成すべき資質・能力について次のように示されています。

---

「何を学ぶか」はもちろん大切ではあるものの、「何ができるようになるか」のために、「どのように学ぶか」を一層重視する必要がある（中略）。（新学習指導要領に）示された育成を目指す資質・能力が、一人一人の子供に確かに身に付くようにするために、「どのように学ぶか」が今まで以上に問われることになる。そこでは、これまでのような一方的に知識を教え込む「チョーク・アンド・トーク」の授業や一人一人の子供が受け身の授業を、大きく改善していかなければならない。なぜなら、そうした受動的で指導者中心の学びでは、実際の社会で活用できる資質・能力が育成されるとは到底考えることができないからだ。資質・能力とは、それが発揮されている姿や状態が積み重ねられ、繰り返されることによって育成されると考えるべきであろう。やはり、学習者中心で、能動的な学びこそが求められていると考えるべきである。

「深い学び」（著：田村学／東洋館出版社）より引用

---

キーワードとして、次の3点に注目しています。

① 「何ができるようになるか」→子どもの変容を大切にする

② 「どのように学ぶか」→学びのスタイルを変える

③ 「育成」→3月のゴールイメージを大切に、年間を見通して指導する

**主体的な学びを実現する①**

「You can take a horse to the water, but you can't make him drink.」

　イギリスのことわざの一つです。

　日本語に直訳すると次のようになります。

「馬を水辺に連れて行くことはできても、水を飲ませることはできない」

　これを教師に置き換えると、

**「教師は子どもに機会を与えることはできるが、それを実行するかどうかは子ども次第」**

　となるでしょうか。

「子どもが主体的に動き出すのはどんなときか」

　上のことわざにもあるように、「考えたい」「伝えたい」「聞きたい」という学びへの意欲が引き出されるのは、「話しなさい」とその活動を設定すればそれでよいというわけではないでしょう。教室に温かい人間関係があったり、学びの環境としての教室に安心感があったりすることが大前提だろうと考えています。

　職場を異動し、6年生を担任しているときに、それを改めて感じてました。子どもも私も互いのことを全く知らないところから始まった4月。指導すべきことは指導しながらも、学びに向かう意欲を引き出すために、人間関係づくりや、コミュニケーション力を高めることに重点を置いてスタートを切りました。右の写真は、第一週金曜日の成長のノートです。テーマは「6年生としての最初の1週間を終えて」。

　子どもたちは、「何を言われるか（内容）」よりも「誰に言われるか（人）」に重きを置きます。「先生の言うことは正しいし、分かるけれど、聞きたくない」という気持ちをもたせてしまうと、指導はストップしてしまいます。先生が言うことな

らやってみたいと感じられる雰囲気をつくることが、子どものやる気を引き出したり、子ども同士がつながったりする土台になるのです。

学びの土台づくりは、継続して続けています。以下はその例です。

▲前日の学びが見える朝の指導

▲言葉を調える指導

▲朝のコミュニケーションゲーム

### 主体的な学びを実現する②

　教師と子ども、子どもと子どもの関係づくりを重視した取り組みと並行して、「ちゃんとやる」ことを共有する指導を行います。子どもと教師とのずれを修正し、目標とする姿を認めて価値付けながら、どのように頑張ればよいかを示していきました。子どもが主体的になる前提として、どうやってやればよいか「知っている」ことが必要です。「教えたばかりのことだからできて当たり前」「そのぐらい考えろ」と曖昧にしたり、その場限りとなるような叱責を繰り返しても、行動を判断できる力は育っていきません。まずは、指導したことができたら認めて励ましたり、写真を使って、視覚的に何がよいかを学級で考えたりしながら定着するまで繰り返し指導します。ここで、丁寧に価値付け、指導していくことで、「いい子ぶっている」と見られるような、一部の子だけが頑張る教室ではなく、教室の誰もが当たり前のことを当たり前にできる教室に育っていきます。こうしたことの先に、自分で考えて行動できる主体性が発揮される教室があると考えましょう。ある書籍の中に、物事が定着するには次のような３つの段階があると示されていました。日頃の指導の中で、大切にしたい視点の一つだと思います。

①知識（頭で分かっているだけの段階）

②技術（意識すればできる段階）
③技能（無意識でもできる段階）

▲全校朝会に5分前から並んでいる子

▲1度の掃除でぞうきんを真っ黒にする子

### 主体的な学びを実現する③

「考えることのよさは、考える中で」
「伝えることのよさは、伝える中で」
「聞くことのよさは、聞く中で」

　主体的に学びに向かう力を育てるためには、それぞれのよさを、それぞれの活動の中で実感させることが必要です。例えば、次の一連の指導で、子どもたちは主体的に学ぶことのよさを感じるでしょうか。また、学びの場としての教室環境が育っていくでしょうか。

①教師が発問し、一人の子どもを指名する
②発言できない子どもに、「発言するまで座れません」と声をかける
③「考えたことを話せばいいのです」と続けて声をかける
④他の子が待ちきれない様子なので、「座っていいです」と声をかける

　主体性が育たないばかりか、教室の学びに向かう力は低下していくでしょう。ヒドゥンカリキュラムとして、子どもはこの指導から次のようなことも学んでいくことになります。

　□指名をされなければ話さなくてよい
　□発言できないのは恥ずかしいこと

□発言できないのは考える力がないから

□発言できない人はだめ

□友達の意見は聞いていなくてもいい

□先生の指示は守らなくても許される

　一方で、「思わず考えたくなる、伝えたくなる、聞きたくなる」主体的な学びの意欲を引き出す指導とはどのようなものでしょうか。今回は次の３つの視点から考えます。

①ほぐす

「教室の空気が温まる」という感覚。硬く、緊張状態の教室では、基本的に子どもは受け身です。「ほぐす」ことで、集中する時間とのメリハリもついていきます。ほぐす基本は声を出すこと。毎時間、何らかの声を出させる活動を確保しています。例えば音読にも様々な方法がありますが、「ハキハキとした声」「声の通り道を意識して姿勢よく」などのめあてをもたせたり、読めた回数によって立つ、向きを変える、立ち歩くなどと体を動かしたりしながら取り組ませています。

②書かせる

　鉛筆の音だけがする「集中」の時間があることで、一人ひとりが主体的に問題に向き合う時間になります。こうした、考えを書く活動を毎時間必ず取り入れています。教卓を教室の後ろに配置し、書けたら持ってくるという方法で、個別指導や評価も行っています。

③量や質が高まるまで続ける

　「それが発揮されている姿や状態が積み重ねられ、繰り返されることによって育成されると考えるべきであろう」と田村先生が書かれているように、継続して同じ取り組みを行うことで、伸びを実感できるようにしたり、振り返る習慣を身に付けたりできるようにしています。繰り返しに少しずつ負荷を追加しながら、量や質を高める指導を行っています。

### 主体的な学びを実現する④

　成果につながるであろう手立てを用意し、無理強いしようとすると、

「できないこと」「できていないこと」に目がいきがちになります。

> 「教師は子どもに機会を与えることはできるが、それを実行するかどうかは子ども次第」
> 　だが、
> 「やり方次第では、実行しようとする心を育てることができる」

　主体的に学ぶ力を育てるために、1学期前半には、これまで書かせていただいたようにモチベーションを高めることを大切にします。「心のバケツ」などの話を通して、素直な心で成長していくことの大切さを感じさせることも有効です。私は授業構成を考えるとき、次の5つのことを考えるようにしています。

> ①やってみようと思う指導か
> ②頑張ってよかったと思える指導か
> ③全員が分かる方法でやり方を教えているか
> ④できるようになるまで繰り返し取り組ませるチャンスはあるか
> ⑤できるようになる見通しや指導をもっているか

### 束になって育てる

　学年集会や高学年集会をもつことで、担任同士が連携して学級、学年、学校を育てられるようにしています。下の写真は、「高学年として」とい

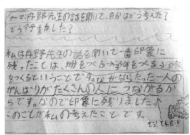

うテーマで高学年集会を行った後、5年生が書いてくれたものです。

## 3 対話的な学びを深めるために大切にしていること

### 教育的価値を問い直す

> その活動は子どもにとってどのような教育的価値があるか。

　例えば、皆様は、ペア対話やグループ対話にどのような意図をもって取り入れていらっしゃるでしょうか。

　私も日々、「主体的・対話的で深い学び」を実現させようと子どもたちと学び、奮闘しているわけですが、そこで取り入れている方法について、一度立ち止まってその本質的な意味を考える必要があると思うのです。「主体的・対話的で深い学び」に関わる実践は、書籍や地域や学校で行われる研究で多く紹介されてきています。しかし、それらを方法として選び、自分の学級でも取り組んでいく前に「どんな力を育てるために？」を考えることが必要なのです。ペア対話やグループ対話を行うことに異論はありませんし、私自身も取り入れている一人ですが、ここまでのページでも既に書かせていただいたように、その方法を取り入れれば「主体的・対話的で深い学び」が実現するわけではないということです。自戒の念を込めて、その方法で子どもに身に付けさせたい本質（教育的価値）は何かを問い直しながら指導をしています。

### なぜ対話的な学びなのか

　ロシアの心理学者ヴィゴツキーが唱えた、「最近接発達領域」というものがあります。その詳細をここで明らかにすることはできませんが、私は、対話的な学びが子どもの知的発達において有効であるということを分かりやすく示していると考えています。

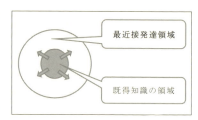

左下の図は、課題を一人で解決できる水準（既得知識の領域）と、大人や仲間との共同であれば解決できる水準（最近接発達領域）が、子どもにはあることを示しています。助けを借りながら解決を続けていくことで、一人で解決できる範囲が広がっていくということです。つまり、対話的な集団での学びの質を高めることは、個人の知的発達の促進に大きな結びつきが期待できるのです。（注1、2）

### 対話的な学びを深めるために①

　ここからは、対話的な学びを深めるために大切にしていること2点を紹介します。

　1点目は、「問題」と「課題」を区別して指導するということです。「問題」とは、個人または集団に発生しているネガティブな影響のこと。「課題」とは、問題を解決するためにこれからなすべきことをポジティブに表現したもの、と捉えています。学習において「問題を課題に変える過程」を経験させることで、子どもにとって解決する課題に切実性が生まれていくのです。自分事として課題に向き合えるようになります。

【問題と課題を区別した指導例（体育科）】

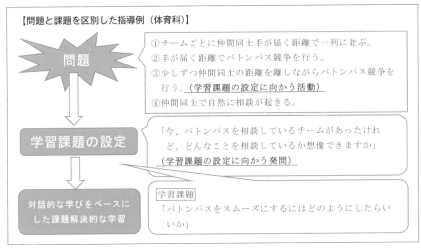

　上に示したように、体育科「リレー」のバトンパスの単元で行った指

導を例に考えてみます。小学校学習指導要領（平成29年告知）解説体育編に示されている課題は、「滑らかなバトンの受け渡しをすること」です。指導する上で、どうしたらこの課題が子どもにとって切実なものになるかを考えました。2018年度の学習では、単元の導入で上記の学習課題の設定に向かう活動を設定することで、問題から課題をつくっていきました。子どもたちは競争を楽しみながら、「なぜ○○チームは速いのか。なぜか○○チームに勝てない。どうやったら○○チームにバトンパス競争で勝てるのか」を考えていきました。

　体育の授業に限らず、「もっとこうなりたい」「知りたい」「解決せねばならない」という切実性が高まると、「課題」が明確になるのです。「課題」が明確になると、それを解決するために、知恵を絞り練習を繰り返すチームメイトとの「対話」が自然に生まれていきます。

　つまり、問題に出会い、課題を見出していく過程を大切にすることで、課題に解決する切実性が生まれ、話し合いたい状況が学習活動の中に実現されていくのです。

### 対話的な学びを深めるために②

　2点目は、「三角ロジック（根拠・理由・主張の3点セット）」を生かした論理的に伝える力を指導するということです。

　私は、論理的であることを、具体的で分かりやすいことだと捉えています。例えば、ディベート大会を「動物は動物園で暮らした方が幸せ」というテーマで行った際には、理由に「その子らしさ」が表れた主張が出されました。

具体的でない例
「私は、動物は動物園で暮らす方が幸せだと思います」

Aさんの主張
「私は、動物は自然の中で暮らす方が幸せだと考えます。なぜなら、自

然の中で暮らす動物たちは、食べ物を探すために、一日のほとんどの時間を過ごしています。それが、動物たちの生活を生き生きとさせると思うのです。このデータを見てください。ゾウの平均寿命を比べたデータです。動物園では、食べ物を探して食べるという、動物にとって一番大切な行動が奪われます。それによって、野生で生きる力の源となる生命力や運動量が減ってしまうのです。なので、このデータにあるように、野生のゾウに比べて、動物園のゾウの寿命の平均は３分の１しかないのです（略）」

　理由に対する根拠が正対しているとは言いきれませんが、論理的に構成を組み立てることで、具体的で分かりやすい主張になっています。

　さらに、具体的に伝えようとするとき、自分のもっている知識や経験と結びつけて話すようになっていきます。自分らしい理由を語る子が増えていくと、一般論が語られたり、学力差が大きく強調されたりすることが少なくなり、対話的な学びがより楽しく多くの思考に触れることができるようになっていくと感じます。先のディベートにおいて、次のような主張がありました。

Bさんの主張

「私は、動物は動物園にいた方が幸せだと考えます。理由は二つあります。一つ目は、病気やけがをしても治療してもらえるからです。（中略）二つ目は、外敵に襲われないことです。（中略）檻の中に閉じ込められてかわいそうという人もいるかもしれません。でも、動物園にいる動物の九割が動物園生まれだそうです。なので、野生はもちろん、動物園の外の世界を知りません。なので、檻の中にいることが辛いということはないと思うのです。たとえば、〇〇市に生まれて今まで育ってきた私が、一生〇〇市で暮らすことになるが辛いか？と言われても、それが不幸せだとは思いません。これは、動物園で生きる動物たちが檻の中にいることが辛いとは思っていないということと同じだと思うのです（略）」

　自分の経験を結びつけて理由を考えることから、既に述べたように、課題をより自分事として捉えていることが分かります。

8　主体的・対話的で深い学びを実現する　215

### 対話的な学びが深まっていくことの効果

　理論的な思考を育てる指導を行うことは、対話的な学びを深めることだけでなく、子どもの様々な育ちに直結しています。

▲伝わる話には自然に耳を傾け、当たり前にメモをとるようになります

▲自分の考えが伝わる経験をすることで、対話を楽しめるようになります

▲伝わる工夫を考え、根拠を示しながら話すようになります

◀授業外でも学びを続けることが当たり前になっていきます

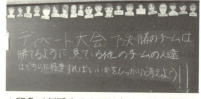
▲印象で判断するのではなく、その根拠を大切にする姿勢が育ち、「人と意見を区別する」といった価値観も実感あるものとして身に付いていきます

　さらに、対話的な学びが深まることは、人間関係の構築にも効果を発揮してきます。このあたりの成長については、鈴木克義先生の著書「ディベートでいじめがなくなった！」（明治図書）において、論理的な対話を繰り返すことで育つ人権感覚という視点が示されていますので参考にされることをお勧めします。

### 学習でなく学び

> その活動は子どもにとってどのような教育的価値があるか。

　学習指導要領に「対話的な学び」が示されたから、やらせてみよう。ということを否定しませんし、学び方を子どもに身に付けさせることは

大切なことです。しかし、本質を考えずに方法だけを取り入れて、やらせようとすると、うまくいかないのは子どもに力がないから、子どもが悪いからという発想に陥ることさえあると考えておくようにしています。

さて、「主体的・対話的で深い学び」の最後の言葉が、学習でなく、学びなのはなぜでしょうか。私は、学習は学習者がするものであり、学びは学習者と指導者が共にするものであるという捉えから、あえて後者の「学び」となっていると考えています。つまり、主体的・対話的に学ばせようとするのと同時に、指導者である教師も一緒に学んでいくのが深い学びなのです。

### 「たとえば」で語る姿を目指して

「対話的な学び」の深まりを感じる言葉として、「たとえば」で語る子どもの姿があると考えています。課題に向き合えるようになってくると、これまでの経験や既得の知識をもとにして類推する思考をはたらかせることができるようになるのだと思うのです。2学期後半からの成長を加速させるためにも、「たとえば」のような対話に表れる言葉に注目して、子どもの育ちや思考の深まりを分析していこうと考えています。

注1「ヴィゴツキーの心理学」中村和夫著　新読書社

注2「発達の最近接領域」の理論ヴィゴツキー著　神谷栄司訳　三学出版

---

## 4 「みる目」をもって授業づくりを見直そう

### 「みる目」をもって授業づくりを見直す

冒頭で、「主体的・対話的に深く学べる」子どもを育てていきましょうと提案させていただきました。本章の結びとなるここからは、「子どもを育てる授業」をどのようにしてつくっていくかを考えていきます。

「白熱する教室　11号」（中村堂）で、神奈川支部と「教師力を高める教師の『みる目』」というテーマで特集をまとめました。この号では、子

8　主体的・対話的で深い学びを実現する　217

どもを育てていくために大切にしたい指導観を仲間とともに明らかにしていきましたので、あわせて参考にしていただきたいです。では、授業づくりについて考えていきます。

> ○教師の立場から
> 『どんなクラスに育てたいのか』
> 『どんな力を身に付けさせたいのか』
> この二つを達成する授業づくりをしてきただろうか？
> ○子どもの立場から
> 『授業で成長した』という実感をもてる授業づくりをしてきただろうか？

## 子どもを育てる授業をしていますか

> ○教師の立場から
> 『どんなクラスに育てたいのか』
> 『どんな力を身に付けさせたいのか』
> この二つを達成する授業づくりをしてきただろうか？

　育てたい力がある。そして「朝の会から帰りの会まで、一日を通してそうした力を育てています」と自信をもって言えるでしょうか。一つの授業をつくるときにも、「こうした力を育てる、そのためにこの活動を行う」という視点をもつことが、授業改善の大きなヒントとなります。「あっ、やってみよう」とその場限りで取り組ませる活動に、子どもの育ちに直結するものはほとんどありません。主体的・対話的で深い学びを実現できているかを考えるときにも、対話的な活動を何回実施したかという視点で評価すべきではないと思うのです。

　私は１年間で子どもに育てたい力を次の三つと考え、授業をつくってきました。

①人とつながる力　　②考える力　　③知ろうとする力

　例えば、①を達成させるために、重点的に取り組んだのが価値語や黒板の5分の1を活用した積極的な学び方の指導です。一日を通して人とつながる力を学ばせたいと考えて、今も指導しています。

　下の2枚の写真は、同じ日の黒板です。

　左は、「Where do you want to go?」などの簡単な会話表現を使って、行ってみたい国を紹介し合う外国語活動での5分の1黒板です。外国語活動でも、「一人をつくらないこと」や、「テンポよく対話すること」を指導するのは他教科と変わりません。

活動中心で進めることも多い授業ですが、活動に応じた学び方の指導を当然行います。

　右は、国語科「海のいのち」において、自由な立ち歩きによる話し合いを行わせたときの黒板です。この二つの黒板を比べると、共通点が多くあるのがお分かりいただけると思います。こうして、教科に関わらず、良質な学びに向かわせるための指導を、一日を通して行うことが大切なのです。今の子どもたちに付けるべき力は何なのか、課題となっていることは何かを見極める「みる目」をもってこそ、こうした一貫性のある指導になります。繰り返しになりますが、子どもの力を育てるために、「朝の会から帰りの会まで、一日を通して対話をする力を育てています」と自信をもって言えるようでありたいと思うのです。

### ペア学習でどんな力を育てていますか

　対話的な活動として多くの教室で取り組まれているペア学習。ペアでの活動自体は、とても有効なものですが、「とりあえずペアでやらせてお

こう」という指導では、子どもたちに育てたい力はつきません。

　右は、国語科「海のいのち（作：立松和平）」の、2時間目。物語の大まかな展開をつかみ、時の流れを把握するために、場面ごとの太一の年齢を考えている様子です。 私の学級では、一人で考えたことは当たり前に隣の人と交流する。一人で考えることが難しい時には、隣の人と相談してよいと指導しています。こうした、友達同士で学び合う指導を丁寧に行ってきました。これによって、「教えて」が当たり前に言える関係性や、「話し合いましょう」で話し始めるスピードや内容の充実、問いに対する考えをもつ力が育ってきたと感じます。

　意図をもたずにペアでの活動を取り入れ、「うちのクラスは、ペアでの話し合いもできない」と嘆くことだけは避けたいものです。「先生、〇〇さんが意見を言ってくれません」というようなペアが出るとしたら、そこを育てるための指導を行う必要があるのです。

　学級内には、すぐに話し合える子とそうでない子がいて、それが、話し合いの成否を左右するようにも感じることがあります。しかし、それを明らかにしないようにと、話し合いを避けることは、苦手さを明らかにしないだけで、そうした力が育っていくことには決してつながりません。苦手な子がいるからこそ、話し合う経験を繰り返し、当たり前に重ねさせようという視点を大切にしようと考えています。

### 授業で、この資質・能力を育てましょう！

　学習指導要領の改訂では、「新しい時代に必要となる育成すべき資質・能力」として、3つの柱が示されています。
　**①知識及び技能**
　**②思考力・判断力・表現力等**
　**③学びに向かう力・人間性等**

授業づくりにおいて、大切なのは、この３つの資質・能力を育てることだと言えます。このように考えると、教科的な知識・理解や、話し合う手立てはペアがいいかグループがいいかということ、子どもが分かる授業だったかという視点だけで授業づくりは議論できません。本章のテーマである、「主体的・対話的で深い学び」というキーワードも、３つの資質・能力を育成するための授業改善の視点です。１年間という長期的な視点をもって、授業で３つの資質・能力を育てているか、問わなければならないのです。

## 授業での成長を実感させていますか

子どもの立場から
『授業で成長した』という実感をもてる授業づくりをしてきただろうか？

全員が、「今日はとってもよく分かった」という思いをもてる授業はとても素晴らしいものですが、学習内容が理解できたことだけでなく、例えば友達の意見を受け入れる力など、「授業で自分たちは成長できた」と実感できる授業をつくることが大切だと思うのです。「子どもの育ち」と「授業」が切り離されてはいけないということです。

資質・能力として示されている「学びに向かう力・人間性」についても、授業の中で意図的に育てることが必要です。分からない友達の思いを受け止め、友達の力になろうとすることも、すすんで分からないことを聞こうとする前向きな姿勢も、最後まであきらめずに問題に取り組んだり、友達と一緒に考えたりする態度も、授業で育てるものだということです。

よりよい学び方としての友達とのかかわり方や困難に出会った時の対処の仕方も、授業で学ばせていくのです。主体的・対話的な授業で、友達と学び合うことは友達のよさや自分の成長に気づく機会となるはずなのです。

8　主体的・対話的で深い学びを実現する　221

例えば、「授業で成長を実感すること」というテーマで書かせた成長ノートには、次のような成長が書かれていました。

○　「人と意見を区別して話し合えるようになったこと」

○　「真剣さと明るい表情で対話的な話し合いができるようになったこと。話し合うことが楽しいことだと気がつけたこと」

○　「自分の思いを伝えることが楽しいと思えるようになったこと」

○　「ここまではいい？と確かめたり、これってどういうことと問い返せたりしながら、学び合いができるようになったこと」

「主体的・対話的で深い学び」をめざした授業づくりを行うことで、子どもたちはこうした自分の育ちを実感していきました。そうした育ちを価値付け、育ちを加速させるのが教師の役割なのです。

## 残りの3か月をどう過ごすか

　残り3か月となった12月。私は、この3か月を現状維持ではなく、成長が加速するチャンスと考えて過ごさせたいと考えています。そのために大切なのは、子どもたちの「課題」を見極めることです。子どもの課題が目立たないようにして過ごすのではなく、主体的・対話的な活動を通して、そうした課題を乗り越えさせたいのです。

## 自由な立ち歩きによる話し合い

　最後に、主体的・対話的で深い学びの実現に有効な「自由な立ち歩きによる話し合い」を取り入れるヒントとして、話し合いのテーマの一例を紹介させていただきます。

　自由な立ち歩きによる話し合いを「自分はこう考えたんだけれど、どう考えた？」と見方・考え方を拡大させるときや、立場に分かれて主張に対する根拠をやり取りし、納得できる解に向かわせたいときに取り入れています。「自由に立ち歩く」ことは、「考えを求めて立ち歩く」ことです。そこにある意欲が、話す力や分からないことを問う力にもつながっていくと感じています。

根拠をやり取りしながら、納得できる解に向かう話し合いとして、10月に取り組んだ国語科「海のいのち（作：立松和平)」です。計画の段階で子どもたちと決めた中心話題は、「太一が瀬の主を殺さなかったのはなぜか」です。この中心話題に向かって、七つのテーマについて、根拠をもとにどのような読みがより妥当かを話し合い、読みを深めました。

【話し合いのテーマ】

○作者が一番伝えたいことは何か。

○太一が、中学校を卒業する年の夏、無理やり与吉じいさの弟子になったのはなぜか。

○「海に帰りましたか」と、与吉じいさの顔の前に両手を合わせたときの太一の思い（涙を流さなかったのはなぜか）。

○「とうとう父の海にやってきたのだ」という太一の思い（なぜ、それまで父の海にはやって来なかったのか)。

○瀬の主の目が「緑の目」「青い宝石のような目」と異なる表現がされているのはなぜか。

○魚を「とる」という表現から、「殺す」という表現に変わったのはなぜか。

○太一が瀬の主を殺さなかったのはなぜか。

### おわりに

「主体的・対話的で深い学びを実現する」という大きなテーマについて提案させていただきました。

> 　１か月後、半年後、そして１年後、子どもたちがどのような姿で学んでいるか、それを具体的にイメージして、１年間で育てる意識を大切にしましょう。そして、「主体的・対話的に深く学べる」子どもを育てていきましょう。

8　主体的・対話的で深い学びを実現する　*223*

## ●著者紹介

### 菊池省三（きくち・しょうぞう）

1959年愛媛県生まれ。「菊池道場」道場長。元福岡県北九州市公立小学校教諭。山口大学教育学部卒業。文部科学省の「『熟議』に基づく教育政策形成の在り方に関する懇談会」委員。2018年度　高知県いの町教育特使。大分県中津市教育スーパーアドバイザー。三重県松阪市学級経営マイスター。岡山県浅口市学級経営アドバイザー。著書は「楽しみながらコミュニケーション力を育てる10の授業」「個の確立した集団を育てる　学級ディベート」「人間を育てる　菊池道場流　叱る指導」「個の確立した集団を育てる　ほめ言葉のシャワー　決定版」「価値語100 ハンドブック」「人間を育てる　菊池道場流　作文の指導」「『話し合い力』を育てる　コミュニケーションゲーム62」（以上　中村堂）など多数。

### 【菊池道場】　★掲載順

| | |
|---|---|
| 堀井悠平（菊池道場徳島支部） | 西村昌平（菊池道場岡山支部） |
| 大西一豊（菊池道場大分支部） | 中國達彬（菊池道場福山支部） |
| 南山拓也（菊池道場兵庫支部） | 中村啓太（菊池道場栃木支部） |
| 古舘良純（菊池道場千葉支部） | 丹野裕基（菊池道場東京支部） |

※2019年1月1日現在

## 「白熱する教室」を創る8つの視点

2019年2月1日　第1刷発行

　　著　／菊池省三・菊池道場
発行者／中村宏隆
発行所／株式会社　中村堂
　　　　〒104-0043　東京都中央区湊3-11-7
　　　　湊92ビル 4F
　　　　Tel.03-5244-9939　Fax.03-5244-9938
　　　　ホームページ　http://www.nakadoh.com

印刷・製本／新日本印刷株式会社

ⒸSyozo Kikuchi,KikuchiDojyo 2019
◆定価はカバーに記載してあります。
◆乱丁・落丁の場合はお取り替えいたします。

ISBN978-4-907571-54-2